Heinz Deger-Erlenmaier
Susanne Heim
Bertram Sellner (Hg.)

Die Angehörigengruppe

Ein Leitfaden für Moderatoren

Miteinander sprechen – voneinander lernen

Psychiatrie-Verlag

Die Deutsche Bibliothek – CIP-Einheitsaufnahme

Die Angehörigengruppe : ein Leitfaden für Moderatoren ;
miteinander sprechen – voneinander lernen /
Heinz Deger-Erlenmaier ... (Hg.) –
2. aktualisierte . Aufl., Bonn: Psychiatrie-Verl., 2000
(Psychosoziale Arbeitshilfen; 12)
ISBN 3-88414-212-7

© 2. aktualisierte Aufl., Psychiatrie-Verlag gGmbH, Bonn 2000
Alle Rechte vorbehalten
Satz: Psychiatrie-Verlag
Druck und Bindung: Integra e.V. Print Service, Wiesloch

Psychiatrie-Verlag im Internet: http://psychiatrie.de/verlag

Inhalt

Ein Wort zuvor...

Angehörige psychisch kranker Menschen gehörten in den letzten Jahrzehnten nicht gerade zu den Lieblingskindern der professionellen Psychiatrie-Mitarbeiter. Wenn sich die gegenseitige Wahrnehmung auch positiv verändert hat, so bleibt doch noch viel zu tun, sollen sich diese Veränderungen dauerhaft im psychiatrischen Alltag niederschlagen. Dreh- und Angelpunkt der Angehörigenbewegung, die unverzichtbare Basis aller Bemühungen, war und ist die Angehörigengruppe. Sicher, es gibt mittlerweile in fast allen Regionen Deutschlands Angehörigengruppen der unterschiedlichsten Art, aber noch immer gehören sie nicht zum Standardangebot jeder psychiatrischen Institution. Die vorliegende Psychosoziale Arbeitshilfe möchte dazu beitragen, die noch vorhandenen Lücken zu schließen. Sie möchte möglichst vielen Psychiatrie-Mitarbeitern, aber auch Angehörigen Mut machen, es mit der Angehörigengruppe zu versuchen.

Den Mittelpunkt der Arbeitshilfe bildet eine Dokumentation von Bertram Sellner. Er hat als Fachpfleger für Psychiatrie am Bezirkskrankenhaus Regensburg gemeinsam mit anderen Mitarbeitern vor Jahren mit viel Mut zur Improvisation die Arbeit mit Angehörigen und Angehörigengruppen begonnen und diesen Prozess im Rahmen seiner Weiterbildung sehr anschaulich und lebendig dokumentiert. Überarbeitet und ergänzt durch viele praxisorientierte Tipps, eignet sich diese Arbeitshilfe hervorragend als Anleitung für Mitarbeiter aller Berufsgruppen, die in der Psychiatrie tätig sind und in ihrem Arbeitsbereich Angehörigengruppen dauerhaft etablieren wollen. Aber auch Angehörige, die Selbsthilfegruppen gründen und moderieren wollen, werden von den vielen praktischen Hinweisen und Hilfestellungen profitieren.

Dass aus der Arbeit von Bertram Sellner ein kleines »ABC der Angehörigenarbeit« werden konnte, ist vor allem ein Verdienst von Susanne Heim. Mit großem Engagement und der ihr eigenen Stilsicherheit hat sie sich der redaktionellen Überarbeitung gewidmet und aus ihrem reichhaltigen Fundus wertvolle Ergänzungen beigesteuert. Dafür ein herzliches Dankeschön!

Dank auch an Elke Titze für die konstruktiv-kritische Begleitung während der langen Entstehungsgeschichte und an Karin Koch, bei der im Psychiatrie-Verlag die Fäden zusammenliefen und die mit der Leidenschaft von Lektorinnen für die Einhaltung von Terminen wesentlich dazu beitrug, dass Sie die Psychosoziale Arbeitshilfe Nr. 12 nun in Händen halten und mit ihr arbeiten können.

Wir wünschen Ihnen viel Spaß bei dieser Arbeit, ganz im Sinne des Arbeitstitels, den wir vor langer Zeit einmal gewählt hatten: Lust statt Frust durch Angehörigenarbeit!

Heinz Deger-Erlenmaier
Kaufbeuren, im August 1997

Arbeitsweisen von Angehörigengruppen

Heinz Deger-Erlenmaier *

In den letzten 20 Jahren hat sich eine Vielfalt von Angehörigengruppen herausgebildet. Der Versuch, diese zu systematisieren, ergibt folgendes Bild:

Organisationsformen

Selbsthilfe

- Angehörigengruppen, die als vollkommen selbstständige Selbsthilfegruppen die Form eines eingetragenen Vereins haben.
- Angehörigengruppen, die im Rahmen eines psychosozialen Hilfsvereins entstanden und mehr oder weniger stark in diesen Verein integriert sind, auch dessen Infrastruktur (Verwaltung und Räumlichkeiten etc.) in Anspruch nehmen, sich dabei aber den Selbsthilfecharakter bewahren.
- Angehörigengruppen ohne Anbindung und ohne vereinsrechtliche Struktur als lose Gruppierung mit reinem Selbsthilfecharakter. Manche dieser Gruppen haben sich den Status eines nicht eingetragenen Vereins gegeben.

Expertengeleitet und -begleitet

- Angehörigengruppen, die in Anlehnung an Verbände der freien Wohlfahrtspflege (Caritasverband, Diakonisches Werk, Arbeiterwohlfahrt etc.) entstanden sind und teilweise auch von deren Mitarbeitern initiiert wurden. Diese Gruppen werden in unterschiedlichem Maß von diesen Verbänden unterstützt (Verwaltungsaufwand, Bereitstellung von Räumlichkeiten und von hauptamtlichen Mitarbeitern).
- Angehörigengruppen, die von Mitarbeitern psychiatrischer Kliniken in deren Räumen oder außerhalb angeboten werden (teilweise begrenzt für die Dauer des Aufenthaltes von Patienten, teilweise aber auch darüber hinaus).
- Angehörigengruppen, die von Mitarbeitern sozialpsychiatrischer Dienste ins Leben gerufen wurden und in der Regel auch von ihnen begleitet werden.

Inhaltliche Schwerpunkte

Binnenwirkung

- Angehörigengruppen, die ihr wesentliches Anliegen darin sehen, Angehörigen einen Raum zu schaffen, der hilft, der Not, Isolation und Vereinsamung zu entrinnen (Stichwort freisprechen). Der Angehörige selbst steht im Mittelpunkt des Gruppengeschehens.

Außenwirkung und Lobbyfunktion

- Angehörigengruppen, die sich daneben in ihrem kommunalen Bezugsrahmen für eine Verbesserung der Versorgung psychisch kranker Menschen einsetzen, die auf Politik und Verwaltung Einfluss nehmen, die sich als Lobby für die mangelhaft artikulierten Interessen psychisch kranker Menschen verstehen.

Trägerambitionen

- Angehörigengruppen, die noch einen Schritt weitergehen und die Mängel in der Versorgung psychisch kranker Menschen dadurch beseitigen wollen, dass sie selbst Angebote schaffen (z.B. Clubs aufbauen und betreiben, Träger von Wohngemeinschaften werden usw.).

*) Aus: H. Deger-Erlenmaier, E. Titze, K. Walter (Hg.): Jetzt will ich's wissen. Rat und Hilfe für Angehörige psychisch Kranker. Siehe Literaturempfehlungen.

Die Angehörigengruppe – Ein Leitfaden für Moderatoren © Psychiatrie-Verlag,Bonn 2000

Die Grenzen zwischen diesen drei Schwerpunkten sind sicher fließend. Kontrovers wird vor allem der dritte Schwerpunkt (Träger, d.h. verantwortliche Betreiber von Diensten und Einrichtungen werden) in der Angehörigenarbeit diskutiert. Unstrittig ist aber, dass Angehörigengruppen nur dann einen Sinn haben, wenn sie den über Gebühr belasteten Angehörigen Raum und Zeit verschaffen, für sich selbst etwas zu tun. Belasten sich Angehörige und Angehörigengruppen mit Trägerfunktionen, ist dies kaum noch möglich.

Aller Anfang ist gar nicht so schwer

Susanne Heim

Checkliste: Planung und Vorbereitung einer Angehörigengruppe

Die Idee formulieren

1. Wer anderen eine Idee nahe bringen will, tut gut daran, zunächst einmal sich selbst über sein Vorhaben klar zu werden: Was will ich für wen anbieten, mit welchem Ziel, nach welchem Verfahren?

Vorgesetzte und Kollegen informieren

2. Mit einem schlüssigen Konzept lassen sich Vorgesetzte überzeugen und Kollegen gewinnen, Angehörige für das Vorhaben zu interessieren.

Mitstreiter suchen

3. Es empfiehlt sich, die Gruppe möglichst zu zweit zu leiten – am besten gemeinsam mit einem Angehörigen! Praktizierte Partnerschaft von Anfang an erleichtert später den Übergang in die Selbsthilfe.

Treffpunkt und Termin festlegen

4. Bei der Wahl des Treffpunktes sollte die Hemmschwelle möglichst niedrig gehalten, d.h. ein neutraler, auch mit öffentlichen Verkehrsmitteln gut erreichbarer Ort/ Raum bevorzugt werden.

   Viele, insbesondere ältere Angehörige scheuen die Dunkelheit. Ihnen kommt deshalb ein Termin am frühen Abend entgegen, den auch Berufstätige wahrnehmen können.

   Wöchentliche oder vierzehntägliche Zusammenkünfte (von jeweils anderthalb bis höchstens zwei Stunden) begünstigen den Gruppenprozess und ermöglichen kontinuierliche Arbeit auch außerhalb von Krisenzeiten.

Interessenten werben

5. Wer zu früh beginnt, muss damit rechnen, dass es u.U. ein bis zwei Jahre dauern kann, bis sich die Gruppe stabilisiert hat. Allzu ausgedehnte Durststrecken lassen sich vermeiden, wenn sich vor dem Start mindestens sieben Interessenten angemeldet haben. Nicht alle werden dabeibleiben, nicht alle werden immer kommen (können). Bei weniger als fünf Teilnehmern aber kommt in der Runde kein Gruppengefühl auf.

Einladen

6. Die schriftlichen Einladungen sollten *vier Wochen vor Beginn* der Gruppe verschickt werden. Eine kurze Erinnerung eine Woche vorher ist sinnvoll. Auf der Einladungsliste stehen:
   - Angehörige (die bereits bekannten persönlich ansprechen),
   - die eigene Institution,
   - andere Dienste und Institutionen,
   - niedergelassene Ärzte.

Veröffentlichen

7. In der Presse den Gruppentermin eine Woche vor dem Start ankündigen und regelmäßig im lokalen Terminkalender veröffentlichen (Redaktionsschlüsse beachten!). Ein eigenes Plakat oder eine Einladung in den einschlägigen Institutionen aufzuhängen und dort Handzettel in den Wartezimmern auszulegen, ist ebenfalls eine gute Werbung.

Moderation

Ein guter Moderator ist flexibel: Er macht so wenig wie möglich selbst, greift aber   *Anfangen*
so oft wie nötig ein; er versteht sich als Teilnehmender und spricht auch von sich
selbst. Hilfreiche Merkpunkte für die Rahmenbedingungen sind:

- Für eine entspannte Atmosphäre sorgen.
- Ausführliche Vorstellungsrunden einplanen (je nach Gruppengröße ein bis zwei
  Abende) und selbst beginnen.
- Zum Auftakt eventuell Themenwünsche sammeln (als Richtschnur, nicht als Pflicht-
  programm!).
- Aktuelle Bedürfnisse haben immer Vorrang! Dabei nicht vergessen: Es gibt auch
  Erfreuliches!
- Die Teilnehmer *miteinander* ins Gespräch bringen.
- Auf eine ausgewogene Mischung zwischen Erfahrungsaustausch und Information
  achten.
- Rückfragen: Wie ist das bei Ihnen? Hat jemand ähnliche oder andere Erfahrungen?
  Zeit lassen!
- Gefühle ansprechen: Wie geht es Ihnen dabei? – Auch eigenes Erleben als Helfen-
  der, als Elternteil, Partner, Kind, Nachbar etc. einbringen.

- Sich von Durststrecken nicht entmutigen lassen! Die Gruppe findet immer statt,   *Durchhalten*
  auch wenn nur wenige kommen.
- Rechtzeitig überlegen, wie es weitergeht – dabei nicht nur Themen, sondern mehr
  noch den Gruppenprozess und -zusammenhalt beachten.
- Eine Angehörigengruppe ist eine Gruppe. Nichts dringt nach draußen, es sei denn,
  es wird von allen so vereinbart!

Erfahrungen und Verlaufsprotokolle

Die Regensburger Angehörigengruppe

Bertram Sellner

Die Angehörigengruppe am Bezirkskrankenhaus Regensburg wurde von Herrn Faßhauer (Arzt auf der Soziotherapie) und mit Unterstützung der Direktion ins Leben gerufen.

Für die Bekanntmachung ließen wir Plakate drucken, auf denen in kurzen Worten der Sinn der Angehörigenarbeit dargestellt ist; ebenfalls sind auf dem Plakat Zeit und Räumlichkeit klar ersichtlich. Plakate wurden auf allen Abteilungen im Bezirkskrankenhaus, besonders in den Besucherräumen aufgehängt. Weiterhin wurden sie an niedergelassene Nervenärzte im Raum Regensburg sowie an Sozialpsychiatrische Dienste und Beratungsstellen verschickt.

Zusätzlich haben wir kleine Handzettel mit demselben Text angefertigt. Diese Handzettel können von Ärzten, Sozialarbeitern, Schwestern und Pflegern den Angehörigen mitgegeben werden. Sie können auch etwas schwerer motivierbaren Angehörigen zugesandt werden.

Beispiel Plakat

Bezirkskrankenhaus Regensburg

Fachklinik für Psychiatrie und Neurologie

93053 Regensburg, Universitätsstr. 84
Telefon: Durchwahl (0941) 941-220
Vermittlung (0941) 941-0

Angehörigengruppe

Wir möchten auch bei uns allen Interessierten die Möglichkeiten bieten, an einer Gesprächsrunde für Anghörige von psychisch Kranken teilzunehmen.

Aus unserer Arbeit kennen wir die zum Teil schwere Belastung, die die Erkrankung eines Familienmitgliedes für die nächsten Angehörigen oft bedeutet. Wir möchten daher im Gespräch mit anderen Betroffenen gemeinsam versuchen herauszufinden, wie diese Probleme besser bewältigt werden können.

Die Treffen finden in den Räumen der Zentralen Aufnahme des Bezirkskrankenhauses statt, und zwar jeweils am Dienstag um 18.00 Uhr in zweiwöchigem Abstand.

Nähere Informationen können unter der Telefonnummer 0941-941-220 (Herr Sellner) erfragt werden.

Mit freundlichen Grüßen

Dr. H.E. Klein, Direktor der Klinik

Dipl. Psych. B. Sellner, Krankenpfleger der Zentralen Aufnahme

Dr. D. Schön, Stationsarzt

Beispiel Handzettel

Bezirkskrankenhaus Regensburg
Fachklinik für Psychiatrie und Neurologie
93053 Regensburg, Universitätsstr. 84
Telefon: Durchwahl (0941) 941-220
Vermittlung (0941) 941-0

Angehörigengruppe

Wir möchten allen Interessenten die Möglichkeit bieten, an einer Gesprächsrunde für Angehörige von psychisch Kranken teilzunehmen.
Aus unserer Arbeit kennen wir die schwere Belastung, die die Erkrankung eines Familienmitgliedes für die Angehörigen oft bedeutet.
Wir möchten daher im Gespräch mit Betroffenen gemeinsam versuchen, herauszufinden, wie diese Probleme besser bewältigt werden können.
Die Treffen finden in den Räumen der Zentralen Aufnahme des Bezirkskrankenhauses Regensburg statt.
Zeit: Jeden 2. Dienstag um 18.00 Uhr.
Die Gruppen werden geleitet von: Frau Dr. med. Röder-Aigner, Herrn Dipl.-Psych. Dr. med. Schön, Herrn Sellner – Fachpfleger für Psychiatrie, Herrn Hammerl – Fachpfleger für Psychiatrie.
Nähere Informationen können unter der Tel. Nr.: 0941/941-220 erfragt werden.

Mit freundlichen Grüßen

Bertram Sellner

Der Anfang

Die Regensburger Angehörigengruppe ist eine offene Gruppe, das heißt, es können jederzeit neue Teilnehmer dazukommen. Die Gruppe wird von einem Arzt und einem Krankenpfleger moderiert. Sie soll allen Angehörigen offen stehen, deren krankes Familienmitglied sich in stationärer oder auch ambulanter psychiatrischer Behandlung befindet. Das Angebot richtet sich in erster Linie an Angehörige von Patienten mit endogenen Psychosen, insbesondere schizophrenen Erkrankungen.

Prompt erschienen zum ersten Treffen insgesamt 16 Angehörige psychisch Kranker. Zu Beginn stellten sich Herr Faßhauer und ich namentlich vor und erläuterten kurz, warum wir so eine Gruppe ins Leben gerufen haben. Anschließend stellten sich die Angehörigen ebenfalls kurz vor, berichteten über ihre kranken Angehörigen, warum sie gekommen sind und wie sie von der Angehörigengruppe erfahren haben. *Vorstellungsrunde*

Die erste Sitzung dauerte über zwei Stunden, da die Angehörigen erst mal richtig »Dampf« abließen und natürlich die Gelegenheit nutzten, endlich einmal ihre Sorgen, Nöte und teilweise auch den Ärger über ihre kranken Angehörigen loszuwerden. Bei den Schilderungen der Einzelnen gab es viel zustimmendes Nicken der anderen Gruppenteilnehmer. *Dampf ablassen*

Bei diesem ersten Treffen ging es ausschließlich um die Patienten. Die Teilnehmer bemerkten, dass sich gewisse Verhaltensweisen ihrer kranken Angehörigen sehr ähnlich waren. Allgemein zu spüren war die Erleichterung, endlich einmal all das anzusprechen, was nur in diesem Rahmen möglich war. *Erleichterung*

Wunsch nach Rezepten

Natürlich tauchten dann Fragen nach Lösungsmöglichkeiten oder Rezepten auf, wie man denn am besten mit kranken Angehörigen umgehen sollte. Die Fragen wurden an uns beide gerichtet, da man uns als Experten im Umgang mit psychisch Kranken betrachtete. Nun mussten wir auf unsere Funktion in der Angehörigengruppe eingehen. Wir erklärten, dass wir uns auf keinen Fall als Experten sehen, sondern sie (die Angehörigen der psychisch Kranken) die eigentlichen Experten seien. Wir verstehen uns als Moderatoren, die einzelne Punkte herausgreifen, um sie mit Hilfe der Gruppenmitglieder zu bearbeiten. Auf diese Weise hoffen wir, den Angehörigen den Umgang mit ihren psychisch Kranken erleichtern zu können.

Wiederkehrende Themen

System Familie

Im Verlauf der Sitzungen haben sich durch die Schilderungen der Einzelnen immer wieder gemeinsame Themen herauskristallisiert, die dann in der Gruppe besprochen wurden. Zu diesen Themen gehörte die Frage: »Welche Rolle nimmt der

Krankheit als Machtmittel

kranke Angehörige in der Familie ein?« Dabei kam auch heraus, wie Patienten ihre Krankheit gelegentlich als Machtinstrument einsetzen. Es wurde von mehreren Seiten bestätigt, dass durch das Agieren des kranken Angehörigen teilweise die ganze Familie auf Trab gebracht wird. Dadurch tauchte natürlich sofort wieder die Frage auf: »Wie gehe ich mit dem Agieren meines kranken Angehörigen um, was kann ich in Zukunft tun, damit ich mich nicht mehr so sehr ärgere?«

Beispiel persönliches Anschreiben

Rat und Tat e.V.
Hilfsgemeinschaft für Angehörige von psychisch Kranken

Im Bundesverband der Angehörigen psychisch Kranker e. V.

Mitglied im
Deutschen
Paritätischen
Wohlfahrtsverband

Sozial
Psychiatrisches
Zentrum   **Ehrenfeld**

S P Z   Venloer Straße 383 · 5000 Köln 30   Telefon 0221 / 54 13 43

Sehr geehrte/r Frau/Herr ...

Es ist soweit, wir möchten Sie heute zu dem ersten Treffen der neuen
Gesprächsrunde für Angehörige von psychisch Kranken
im SPZ Ehrenfeld einladen.

Am: 10.1.1990
um: 18.30 Uhr bis 20.00 Uhr
im: Sozialpsychiatrischen Zentrum Ehrenfeld,
       Venloer Str. 383, 5000 Köln 30

Diese Gruppe, die in Zukunft wöchentlich stattfinden soll, bietet das
SPZ gemeinsam mit der Kölner Hilfsgemeinschaft RAT + TAT e.V. an.
Wir freuen uns auf Ihr Kommen und wünschen Ihnen einen guten Start
ins neue Jahr.

Susanne Heim   Birgit Görres

Rat und Tat e.V.   SPZ Ehrenfeld

Schließlich ging es auch darum, inwieweit man gewisse Emotionen gegenüber den Kranken zeigen darf oder zeigen kann. Frau B., deren Tochter seit vielen Jahren psychisch krank ist, berichtete, wie lange es bei ihr gedauert hat, bis sie gewisse Sachen, die sie bei ihrer Tochter störten, endlich ansprechen oder über Verhaltensweisen ihrer kranken Tochter hinwegsehen konnte, ohne dass sie danach mit einer »Riesenwut im Bauch« herumlief. Ihr sei dies jedoch erst möglich gewesen, nachdem sie ihre Tochter aufgegeben hatte. *Ärger zeigen oder schweigen?*

Daraufhin wurde diskutiert, ob man den Kranken erst aufgeben müsse, um sich so verhalten zu können, oder ob man nicht schon vorher versuchen sollte, gewisse Dinge anzusprechen oder einfach darüber hinwegzusehen. Es wurde klar, dass es wieder einmal kein Patentrezept gibt. Von uns wurde darauf hingewiesen, dass sich jeder möglichst so verhalten solle, dass es ihm selbst dabei einigermaßen gut geht.

Ein anderes wichtiges Thema war: »Wo ziehe ich die Grenzen, wann komme ich an meine eigene Grenze?« Außerdem stellte sich die Frage, wie ehrlich und offen bin ich gegenüber meinem kranken Angehörigen. Über dieses Thema wurde in der Gruppe wieder heftig diskutiert. Man tauschte Anregungen aus, wie man denn in Zukunft damit umgehen könne, und kam zu dem Schluss, dass man auf jeden Fall Grenzen ziehen sollte, um nicht dem kranken Angehörigen »grenzenlos« ausgeliefert zu sein. *Offenheit und Abgrenzung*

Mit der Zeit bildete sich in unserer offenen Gruppe eine Kerngruppe von etwa zehn Angehörigen heraus, die regelmäßig zu den Terminen kamen. Die Angehörigen, die neu zur Gruppe stießen, fügten sich problemlos in das Gruppengeschehen ein. Die Teilnehmerzahl schwankte zwischen acht und 16 Personen.

Angehörigengruppe am 10. Dezember

Es war eine sehr wichtige Sitzung, in der wesentliche Themen anklangen. Auffällig war, dass Frau M. sich immer wieder in den Vordergrund drängte. Es fiel sehr schwer, andere Angehörige ins Gespräch zu bringen. Wenn das gelang und andere sich auch gemeldet hatten, wurden sie sehr häufig von Frau M. unterbrochen. Andererseits artikulierte sie wichtige Themen wie Nähe/Distanz, Pflicht/Lust.

Es wurden die Verhaltensweisen der Patienten in verschiedenen Krankheitsstadien beleuchtet. Vor allem sprach Frau K. über ihre Ängste, wie es wohl weitergehe, da ihr Sohn sich derzeit erst im Anfangsstadium der schizophrenen Erkrankung befinde. *Angst vor der Zukunft*

Eindrucksvoll war auch die Rivalität zwischen zwei Elternpaaren: Wer hat das kränkere (schlimmere) Kind, wer ist also der bessere Angehörige, weil er sich mehr um sein erkranktes Kind kümmern muss.

Ein Thema der letzten Stunde wurde weitergeführt, wiederum wurden verschiedene Rezepte für den Umgang mit den Kranken ausgetauscht. Offensichtlich fiel es auch diesmal recht schwer, Rezepte anderer zu akzeptieren bzw. zu tolerieren. Häufig neigen vor allem die Mütter dazu, sich überfürsorglich zu verhalten. *(Über-)Fürsorglichkeit*

Fragen, die sich zwanglos ergaben, waren: *Recht auf Wohlergehen*
- Darf ich mir etwas gönnen, ohne Schuldgefühle zu haben?
- Was mache ich mit meinen Sorgen?
- Was bzw. wer in mir verpflichtet mich?

Insgesamt ging es auch darum, inwieweit man seinen kranken Angehörigen Selbstständigkeit zubilligen kann. Ausgehend von den eindrücklichen Schilderungen zweier Ehepaare wurde versucht, die Problematik von Kritik und überhaupt eine zu starken emotionalen Anteilnahme zu verdeutlichen. *Sich einmischen*

Mir machte die Sitzung wieder großen Spaß, und ich hatte keine Schwierigkeiten, aufmerksam zuzuhören. Wir Moderatoren sahen uns veranlasst, ein oder zwei Ratschläge zu geben. Im Übrigen haben wir intensiv und genau versucht, sich wiederholende häusliche Situationen (die berichtet wurden) eingehend zu klären. Das geht. Verbalisieren von Gefühlen im Sinne einer systematischen Reflexion wurde diesmal vernachlässigt. – Ende dieser Sitzung mit etwa zehn Minuten Verspätung (wir können allmählich in der die Zeiten besser einhalten!).

Angehörigengruppe am 21. Januar

Dies war die zweite Zusammenkunft im neuen Jahr. Nachdem sich beim ersten Termin vor 14 Tagen eine etwas kleinere Gruppe von Angehörigen eingefunden hatte, waren es diesmal fast wie zu Beginn etwa 15 bis 16. Die Gruppe war also insgesamt sehr groß, dennoch hatten Herr Faßhauer und ich eigentlich nicht das Gefühl, überfordert zu sein.

Und immer wieder: Grenzen ziehen

Die Atmosphäre war erfrischend und recht locker. Es waren auch viele neue Gesichter da, wobei die Neuen sich alle rege am Gespräch beteiligten.

Zwei nun schon vertraute Themen bildeten den Schwerpunkt: Es ging wieder um »Grenzen ziehen« bzw. »An eigene Grenzen gehen«, außerdem um Ehrlichkeit und Offenheit im Gespräch mit dem kranken Angehörigen: »Wie und was sage ich meinem Kinde?«

Es wird immer deutlicher, dass sich eine Gruppenkohäsion entwickelt. Es ist bereits eine Kerngruppe vorhanden, die allerdings noch etwas fluktuiert.

Exkurs: **Kränkungen und Grenzverletzungen**

Susanne Heim

Brennspiegel Psychiatrie

Das konfliktreiche Thema Grenzen(-Setzen) gehört nicht nur für Angehörige von psychisch Kranken zu den lebensbegleitenden Herausforderungen. Die ganz alltäglichen zwischenmenschlichen Probleme treten im Bannkreis der Psychiatrie allerdings wie in einem Brennspiegel besonders heftig und besonders unheilvoll zutage. Dabei geht es um weit mehr als die vordergründige Frage, wie ich mich davor schütze, dem Erkrankten »grenzenlos ausgeliefert« zu sein.

Kränkbarkeit und Aggressionen

Die Hemmung »nein« zu sagen, ist eng verknüpft mit der heimlichen Angst vor Kränkung, Zurückweisung und (Liebes-)Verlust. Angehörige wagen es darüber hinaus oft nicht, das als besonders kränkbar erlebte Familienmitglied in die Schranken zu weisen, weil sie fürchten, Hass, Gegenwehr, Aggressionen oder krisenhafte Zuspitzungen auszulösen, denen sie sich nicht gewachsen fühlen.

Ohnmacht

Auf diese Weise gelähmt, halten viele Angehörige sich selbst und ihren Ärger in Schach, indem sie Zumutungen als krankheitsbedingt entschuldigen – und sich mit dieser Entschuldigung auch in Schach halten lassen. Diskussionen um die immer wieder auftauchende Frage »mad or bad?« sollten deshalb den meist unausgesprochenen Gedanken aufgreifen »Wenn ich ja wüsste, dass er/sie etwas dafür kann, dann wäre ich aber ganz schön sauer...«

Angst und Gewalt

Allzu oft finden Angehörige sich in der Zwickmühle zwischen allen Fronten wieder: Sie sind zuhause aggressiven Ausbrüchen ausgesetzt und finden nirgends Hilfe, weil ihre Not nicht ernst (genug) genommen wird. Gleichzeitig schrecken sie auch immer wieder davor zurück, die Erkrankten ihrerseits traumatisierenden Übergriffen auszuliefern, wie sie Zwangseinweisung und -behandlung zumeist mit sich bringen.

Es geht darum, Mut zu fassen, Spielregeln (wieder) einzuführen, sie auch in Kleinigkeiten konsequent ernst zu nehmen und an Vereinbarungen zu erinnern. Die Angehörigengruppe eignet sich dabei als relativ ungefährliches Test- und Trainingsfeld. Angehörige, die ein solches Angebot wahrnehmen und für sich nutzen konnten, berichten übereinstimmend, dass sie dadurch selbstsicherer, gelassener und toleranter geworden sind – nicht nur im Umgang mit ihren erkrankten Angehörigen.

Konsequenz

Das Ziel sollte sein, die Verhakelungen aus Wut, Scham und Schuldgefühlen zu lockern, so weit wie möglich zu lösen, um Eskalationen zu vermeiden. Krisenprophylaxe heißt nicht zuletzt: ein Gespür zu entwickeln für kleine und große Grenzverletzungen (z.B. durch allzu unbedachte Fürsorglichkeit) und auch über versteckte und offene Gewalt zu sprechen.

Krisenprophylaxe

Dabei gilt es, immer wieder bei allen Beteiligten und Betroffenen nachzuspüren, welche Gefühle sich hinter dem jeweiligen Verhalten verbergen oder sich auf diese Weise zum Ausdruck bringen. Um sich selbst und die anderen besser zu verstehen, mutiger und gelassener zu werden. Merke: Es gibt keine falschen, unberechtigten oder »sträflichen« Gefühle! Aber: Alles verstehen heißt nicht, alles verzeihen!

Mut und Gelassenheit entwickeln

Gesprächshilfe

Die Igelgeschichte

Zwei Igel gingen gemeinsam in den Winter. Weil ihnen kalt war, rückten sie ganz nahe zusammen, um sich zu wärmen, und weil sie nun einmal Stacheln hatten, stachen sie sich, als sie sich zu nahe kamen. Um sich vor den gegenseitigen Sticheleien zu schützen, rückten sie weit auseinander und – froren bitterlich.

Die beiden Igel lernten daraus: Behutsam suchten sie ihre Nähe, um sich gegenseitig zu wärmen, respektierten aber die Länge ihrer Stacheln, um sich nicht zu verletzen.

Dipl.Psych.Dr.med. D. Schön

Fortsetzung: Regensburger Verlaufsprotokolle

Angehörigengruppe am 04. Februar

Leider hat es zwei Todesfälle gegeben, wobei sich jeweils der Sohn der Angehörigen suizidierte. Im ersten Fall sprang der Sohn bei der Heimfahrt zum Wochenendurlaub von einer Autobahnbrücke. Er war bei uns in stationärer Behandlung gewesen.

Bei dem anderen Todesfall waren die Eltern und die Schwester des Patienten in der Gruppe, und es stellte sich heraus, dass er bereits zwei Tage tot in seinem Zimmer gelegen hatte. Diese Mitteilung bekamen wir durch ein Trauerschreiben der Mutter.

Kumhausen, den 22. November

Bei unserem letzten Zusammensein mit der Angehörigengruppe war unser Sohn schon drei Tage tot. Unsere Unruhe ließ uns am Mittwoch Nachforschungen anstellen. Sehr bald erfuhren wir die unfassbare Nachricht. Er hat sein Leiden durch Einnahme von Tabletten beendet. Er glaubte wohl, dies sei für ihn und für uns die beste Lösung, und wusste nicht in welchem Schmerz er uns zurücklässt.

Für Sie wünschen alles Gute

Umgang mit Suizid

Herr Faßhauer und ich waren beide sehr betroffen und überlegten, wie wir diese Ereignisse am besten in der Angehörigengruppe ansprechen könnten. Wir spürten beide das Bedürfnis, den betroffenen Angehörigen zu schreiben, ihnen unsere Anteilnahme und die Anteilnahme der gesamten Gruppe mitzuteilen (natürlich nach Absprache mit der Gruppe) und sie für eines der nächsten Treffen einzuladen.

Beispiel Brief

Bezirkskrankenhaus Regensburg

Fachklinik für Psychiatrie und Neurologie

93053 Regensburg, Universitätsstr. 84

Telefon: Durchwahl (0941) 941-220

16. März

Sehr geehrte Familie ...
auch im Namen der Angehörigengruppe möchte ich mich nochmals an Sie wenden und Ihnen unser Mitgefühl und unsere tiefe Betroffenheit übermitteln. Wenn Sie möchten, können Sie gerne in eine der nächsten Angehörigengruppen kommen. Es wäre uns ein Bedürfnis Ihnen in dieser schweren Zeit zur Seite zu stehen.

**Mit freundlichen Grüßen
Ihre
Angehörigengruppe**

Bertram Sellner

Die Mutter des erstgenannten Sohnes rief auch prompt bei Herrn Faßhauer an und bedankte sich für unser Mitgefühl. Sie wollte auch bei einem der nächsten Termine in die Gruppe kommen.

In der Gruppe wurden die Briefe vorgelesen und das Thema »Wie gehe ich mit dem Suizid meines kranken Angehörigen um?« bearbeitet.

Eine Angehörige, die ebenfalls einen kranken Sohn hat, räumte sogar ein, dass sie sich schon überlegt hatte, ob das nicht für ihren Sohn und für die ganze Familie die beste Lösung wäre.

Angehörigengruppe am 18. Februar

Frau G. aus Neumarkt, deren Sohn sich vor einigen Wochen suizidierte, ist auf unseren Brief hin wieder in die Angehörigengruppe gekommen.

Frau B. erzählte am Anfang, dass ihr Sohn jetzt von Station 21 b entlassen wurde und dass es ihm recht gut gehe. Sie könne jetzt auch besser mit ihm auskommen. Das führe sie darauf zurück, dass sie sich über gewisse Verhaltensweisen ihres Sohnes nicht mehr so aufrege, und dass sie sich ihm gegenüber besser abgrenzen könne. Sie fühle sich jetzt viel wohler – anders als ihr Mann, der sich ihrer Meinung nach über gewisse Dinge noch viel zu viel aufrege. Herr B. bestätigt das und führt als Beispiel an, dass es ihn sehr belaste, wenn sein Sohn von ihm das Auto wolle. Er selbst wolle seinem Sohn das Auto nicht geben, da er zu große Angst habe, es könnte ihm etwas passieren. Andererseits finde er, dass sein Sohn einfach zu wenig auf das Auto aufpasse. *[Toleranz]*

Damit stand das Thema im Raum: »Welche Rolle spielt das Auto in der Familie?« und »Welche Bedeutung hat das Benutzen des Autos für den kranken Angehörigen?«. Diese Fragen wurden von mehreren Gruppenteilnehmern angesprochen. Frau M. meinte, in ihrer Familie hätte es diesbezüglich noch nie Schwierigkeiten gegeben. Sie würden immer ihren Kindern das Auto geben. Das Problem liege bei ihnen eher darin, dass ihr kranker Sohn die Führerscheinprüfung nicht bestanden habe. *[Zankapfel Auto]*

Frau K. sagte, dass sie ihrem Sohn das Auto nicht mehr gegeben habe, weil er einfach nicht darauf aufpasse und es immer vollkommen verschmutzt zurückbringe. Dieser Meinung schlossen sich einige an; sie meinten, man könne auch von den kranken Angehörigen verlangen, auf das Auto aufzupassen, so wie sie das tun. Andererseits wurde gefragt, warum man denn immer so viele Skrupel habe, sein Auto den Kindern zu geben. *[Sorgfalt]*

Hierzu berichtete auch Herr Faßhauer: Er hätte sich immer von seinem Vater gewünscht, einmal das Auto zu bekommen. Aber der Vater habe seine Bitte jedesmal strikt abgelehnt, was ihn immer sehr gekränkt habe. Jetzt wurde diskutiert, wie man denn nun mit dieser Situation umgehen sollte. Herr B. meinte zuletzt, er würde jetzt doch mal seinem Sohn das Auto geben. *[Zurückweisung]*

An dieser Stelle meldete sich zum erstenmal Frau G. zu Wort, die solche Diskussionen kannte, als ihr Sohn noch lebte. Sie erzählte dann, wie es ihr und ihrem Mann nach dem Tod ihres Sohnes ging. Sie hätten sich erstmal gegenseitig Vorwürfe gemacht und auch die Schuld bei der Station 19 und den behandelnden Ärzten gesucht. Auch hätten sie selbst in der Woche, bevor es passierte, stets ein ungutes Gefühl gehabt und immer zu ihrem Sohn ins Krankenhaus fahren wollen. *[Die Frage nach der Schuld]*

Alle Gruppenteilnehmer wirkten bei der Schilderung von Frau G. sehr betroffen. Von mehreren Seiten gab man ihr aber auch zu verstehen, dass sie nicht bei sich oder ihrem Mann oder in der Klinik die Schuld suchen sollte. Frau M. meinte, dass man sowieso nichts machen könne, wenn sich jemand vorgenommen hat, sich das Leben zu nehmen. Ich hatte das Gefühl, dass es Frau G. sehr gut tat, von der Gruppe die verschiedenen Meinungen zu hören, und dass es für sie eine Erleichterung war, diesen Vorfall mit der Gruppe zu besprechen.

Hilfe als Behinderung

Anschließend berichtete Frau Dr. R., die zum ersten Mal in der Gruppe war, von ihrer kranken Nichte. Sie erzählte, dass ihre Schwester (die Mutter der Patientin) die Nichte zu Hause sehr beschütze und diese dadurch völlig unselbstständig geworden sei. Sie wollte von den anderen Gruppenteilnehmern wissen, welche Erfahrungen sie mit ihren kranken Angehörigen gemacht haben. Daraufhin wurden von anderen Gruppenteilnehmern verschiedene Möglichkeiten aufgezeigt, mit den kranken Angehörigen umzugehen und was man machen könne, damit diese wieder selbstständiger werden. Frau Dr. R. nahm die Anregungen sehr dankbar an und bemerkte am Ende, dass es ihr sehr geholfen habe, endlich mal mit anderen Betroffenen sprechen zu können. Herr G., der ebenfalls zum ersten Mal in der Gruppe war, wollte noch nichts erzählen, aber er räumte ein, dass es für ihn schon sehr wertvoll sei, die Schilderungen der Gruppenmitglieder hören zu können.

In dieser Sitzung wurde wieder sehr viel diskutiert und sehr viele Anregungen wurden ausgetauscht. Ich hatte zu Beginn der Gruppe das Bedürfnis, Frau G. wegen des Suizides ihres Sohnes anzusprechen, hielt mich aber zurück. Das hat sich im Nachhinein meines Erachtens auch als richtig erwiesen, da Frau G. die Sache selbst ansprach und ich mit Sicherheit nicht die passenden Worte gefunden hätte.

Frau G. sprach nach der Gruppe noch kurz mit Herrn Faßhauer und mir und bedankte sich für unseren Brief. Sie fragte auch, ob sie weiterhin in die Gruppe kommen könne, nachdem ihr Sohn jetzt tot sei. Wir boten ihr natürlich die weitere Teilnahme an, um in der für sie so schwierigen Zeit von mehreren Seiten Unterstützung zu erhalten.

Exkurs: **Heikle Themen**

Susanne Heim

Tabu Suizid

Tod

Die Angst vor Suizid(-versuch) und Tod ist bei Angehörigen von psychisch Kranken – offen oder unterschwellig – immer virulent. Sie sollte deshalb, auch ohne aktuellen Vorfall, immer wieder thematisiert werden. Dabei ist es oft hilfreich, ja befreiend, wenn der Moderator mitschwingende »verbotene« Gedanken und Gefühle ausspricht, die sich hinter Ängsten und Schuldgefühlen verbergen. Anlass können zum Beispiel Äußerungen sein wie »So ist das doch kein Leben«, »Was hat er/sie denn noch vom Leben?«, »Ich würde mir ewig Vorwürfe machen, wenn...«

Wut und Schuldgefühle

Die meisten Angehörigen haben sich in ihrer Verzweiflung schon einmal gefragt, ob der Tod nicht eine Erlösung für die ganze Familie wäre. Die meisten Angehörigen haben schon einmal, in ohnmächtiger Wut, den Patienten zum Teufel gewünscht. Die meisten sind, vor sich selbst erschrocken, in hartnäckige Schuldgefühle und vehemente Opferbereitschaft geflüchtet – was ängstlich, (über-)fürsorglich und erpressbar macht. Wer darüber offen sprechen darf und auf diese Weise erfährt, dass auch den anderen solche »bösartigen« Gedanken und Gefühle vertraut sind, kann es wagen, mutiger zu werden, mehr Vertrauen, Gelassenheit und Toleranz zu entwickeln.

Akzeptieren und Verzeihen

Das gilt auch angesichts offener oder unterschwelliger Selbstmorddrohungen. Die Herausforderung annehmen und darüber sprechen können Angehörige (ebenso wie professionelle Helfer) erst, wenn sie die Erkenntnis zulassen, dass der Suizid auch ein Akt der Selbstbestimmung sein kann. Erst dann können sie mit dem Suizid nicht mehr erpresst oder bestraft werden. »Es ist ratsam, dem Suizidgefährdeten zu vermitteln, dass ich prinzipiell beide Möglichkeiten, weiterzuleben und sich umzubringen, für denkbar halte und keines der beiden ausschließe, aber dass ich als Mutter, Vater, Freund oder sonstiger Angehöriger bestrebt bin, so zu helfen, dass sich die Situation wandeln kann, damit der andere nicht mehr nur die Lösung Suizid sehen muss. Wenn es gelingt, beide Optionen für möglich zu halten, auch wenn ich der einen Lösung den Vorzug gebe, dann ist das Hilfe.« (Prof. Dr. Gernot Sonneck, Leiter eines Kriseninterventionszentrums, in: Kontakt 4/97 - s. Literaturempfehlungen Zeitschriften)

Im Falle eines Suizids, mit dem wohl jede Angehörigengruppe konfrontiert wird, kann es dann den unmittelbar Betroffenen eher möglich werden, sich und dem Toten zu verzeihen – und die Gruppe wird ihnen unbefangener begegnen, den Schmerz anteilnehmend mittragen können.

Die Angehörigen fühlen sich in der Regel – auch ohne Worte – wohltuend gestützt, wenn einige (oder alle) Mitglieder der Gruppe bei der Trauerfeier und/oder der Beerdigung anwesend sind. Statt eines Kranzes o.Ä. für das Grab eignen sich als Zeichen der Verbundenheit auch ein Blumengruß für die Angehörigen, der ihnen etwas später überbracht oder bei ihrer Rückkehr in die Gruppe überreicht werden kann.

Anteilnahme

Liebe Frau ...

Vielleicht haben Sie es ja gespürt, so intensiv waren wir heute morgen mit unseren Gedanken und Erinnerungen bei Ihnen! Die Nachricht vom Tod Ihres Sohnes hat uns alle sehr bestürzt.
Die Sorgfalt und Rücksichtnahme mit der ... seinen Entschluß so konsequent verwirklicht hat, nötigt aber auch Bewunderung ab. Möge Ihnen diese liebevolle Haltung helfen, ihm zu verzeihen und ihm den Frieden zu gönnen, nach dem er sich so sehr gesehnt hat.
Wir wünschen Ihnen viel Kraft und Mut und Zuversicht für die notwendige Neuorientierung in Ihrem Leben. Gerne möchten wir Sie noch ein Stück des Weges begleiten: Wenn Sie es wollen! Jedenfalls sollen Sie wissen, dass Sie zu jeder Zeit in unserer Runde willkommen sind.

Wir denken mit allen guten Wünschen an Sie!
In herzlicher Verbundenheit

Ihre Mittwochsgruppe

Ob die Einladung wahrgenommen wird oder nicht: Immer sollte den Betroffenen eine weitere Begleitung durch die Gruppe angeboten werden. Vor allem in Selbsthilfegruppen kommt es nicht selten vor, dass »verwaiste« oder verwitwete Angehörige der Gruppe noch lange treu bleiben, weil sie sich hier aufgehoben fühlen, aber auch, um ihre Erfahrungen weiterzugeben und so dem Leid einen Sinn abzugewinnen.

Ebenso verständlich und zu respektieren ist der Wunsch, sich zurückzuziehen

Trauerbegleitung

und radikal Abstand zu halten. Die Offenheit für jedwede Entscheidung wird umso größer sein, je bewusster sich die Gruppe als gemeinsames Übungsfeld versteht, die eigenen, persönlichen Bedürfnisse (wieder) wahrnehmen zu lernen, sie ernst zu nehmen und ihnen zu ihrem Recht zu verhelfen.

Rückzug aus der Gruppe

Auch so kann man auseinander gehen: Unter dem Schock der Ereignisse hatten sich die Eltern eines jungen Mannes, der sich erschossen hatte, für eine stille Beisetzung im engsten Familienkreis entschieden. Die Angehörigengruppe noch einmal aufzusuchen, schien zunächst unvorstellbar. Dann aber keimte bei der Mutter doch der Wunsch, von der Gruppe noch »richtig« Abschied zu nehmen und so dieses Kapitel ihres Lebens zum Abschluss zu bringen. Sie lud die ganze Gruppe zum gemeinsamen Frühstück in ihrem Haus ein. Dort konnten die Teilnehmer nun auch ihren Mann kennen lernen, der die morgendlichen Treffen der Gruppe

Abschied und Neubeginn

aus beruflichen Gründen bis dahin immer versäumt hatte. Es wurde ein Vormittag der Erinnerungen, in denen schöne und schwere Zeiten der Eltern mit dem verstorbenen Sohn lebendig wurden. Und beim Auseinandergehen waren erste Gedanken an morgen wieder möglich.

Gesprächshilfe

Bitte wart' ein bisserl

Ist es dir nicht auch schon passiert, dass du übereilt gehandelt hast? Oder dass du im geeigneten Augenblick versäumt hast, das Notwendige oder Richtige zu tun? Beides kann unangenehm und sogar gefährlich werden. Gefährlich wird es vor allem dann, wenn du aus Trauer und Verzweiflung mit dir Schluss machen willst. Du fühlst dich allein gelassen und kannst, willst und weißt nicht mehr weiter!

Sei nicht voreilig! Ich kenne viele Menschen, die versucht haben, sich in einer solchen Situation zu töten, und es letztlich doch nicht geschafft haben (vielleicht auch gerettet wurden). Sie sind mit der Zeit wieder aufgetaucht aus ihrer Dunkelheit und froh und dankbar darüber, dass sie, vielleicht gereifter und bescheidener geworden, das, was ihnen beschieden ist, zu ertragen vermögen. Vielleicht sogar zu genießen.

Es gibt ein Beispiel in unserer christlichen Religionsgeschichte, das uns drastisch vor Augen führt, was durch das Gefühl der Ausweglosigkeit und Verzweiflung passieren kann: Denken wir an Judas, den berüchtigten »Verräter«! Er hat Jesus sehr geliebt und an ihn geglaubt als den Sohn Gottes. Er hat nur, wie die meisten Juden seiner Zeit, Jesus als den versprochenen Messias gesehen, der sein Reich auf dieser Welt errichten und das jüdische Volk von der römischen Herrschaft befreien würde. Deshalb lieferte er ihn aus, als er das geheuchelte Interesse der Pharisäer merkte, um ihm Gelegenheit zu geben, nein, ihn zu provozieren, sich als Gottessohn und König der Juden zu beweisen. Judas hatte ihn vollkommen falsch verstanden. Jesu Reich war nicht von dieser Welt. Als er erkennen musste, dass er Jesus einem qualvollen, schändlichen und gänzlich sinnlos scheinenden Tod ausgeliefert hatte, kam die Verzweiflung. Er glaubte sich ausgestoßen und von Gott und der Welt verflucht und verlassen. Für ihn schien es nur mehr eines zu geben: Selbstmord! In ihm war alles finster und kein Hoffnungsschimmer weit und breit. Hätte er nur ein bisserl gewartet!

Drei Tage später ist Jesus auferstanden und sein Tod bekam dadurch einen überirdischen und mystischen Sinn. Judas war das Werkzeug für die Erlösung. Drei Tage später hätte ihm Jesus verziehen.

Irren ist menschlich – Judas wäre wahrscheinlich sein eifrigster Missionar geworden.

Natürlich sind die Gründe deiner Krise ganz anders. Aber bitte wart' ein bisserl! Du siehst keinen Lichtblick? Aber vielleicht gibt es schon irgendwo eine Hand, die dir heraushilft. Alles wandelt sich.

Wo Dunkelheit ist, folgt Licht. Vielleicht ein bisserl später. Aber es kommt!

(Friederike Kern, in: Kontakt 4/1997, siehe Literaturempfehlungen Zeitschriften)

Tabu Sexualität - Intimität

Noch zögerlicher als andere Tabuthemen kommt in Angehörigengruppen die Sexualität zur Sprache. Wenn Eltern ihre Trauer angesichts enttäuschter Hoffnungen und Träume zu erkennen geben, schwingt allenfalls die Frage nach den Normen mit: weil Partnerschaften zerbrochen sind, die Erkrankten keine Freunde mehr finden, keine dauerhafte Beziehung eingehen können, keine Familie gründen und wenn, dann macht sich prompt Angst um die Gesundheit der Enkel breit.

Trotz ihrer eigenen konfliktreichen Erfahrungen fällt es gerade fürsorglichen Angehörigen oft schwer, sich vorzustellen, dass Nähe Angst machen kann, dass (auch die ersehnte) Intimität als existenzielle Bedrohung erlebt werden und für die Betroffenen u. U. noch unerträglicher sein kann als die beklagte Einsamkeit. Eine Liebesbeziehung eingehen heißt ja nicht zuletzt, die Auflösung der Ich-Grenzen zulassen, sich anvertrauen, sich »hingeben« (können), ohne sich zu verlieren.

»Für eine geglückte Begegnung mit oder ohne Liebe müssen Nähe und Abstand, Angst, Geborgenheits- und Gewaltwünsche gleichgewichtig zusammenkommen.« (Dörner/Plog: Irren ist menschlich) Vielen Menschen misslingt der Versuch, diese gegensätzlichen Wünsche und Bedürfnisse einigermaßen ins Gleichgewicht zu bringen, nicht nur den »dünnhäutigen«, den besonders verletzlichen, die ohnehin ständig um ihre Stabilität ringen müssen. »In der Psychose wächst die Notwendigkeit, Abstand zu wahren, sich nicht mehr von allen verletzen zu lassen, vielleicht ist die Psychose schon Ausdruck dieses Rückzugs.« (Aus einem Protokoll des Hamburger Psychose-Seminars, in: Thomas Bock, Dorothea Buck, Ingeborg Esterer: Es ist normal verschieden zu sein, S. 28. Siehe Literaturempfehlungen.)

Niederschmetternd werden Scham und Schuldgefühle der Angehörigen, wenn die Moral ins Spiel kommt: insbesondere bei sexuellen Auffälligkeiten oder gar Übergriffen. »Anders« zu sein ist keine Schande, fordert aber dazu heraus, überkommene, übernommene Vorstellungen von Normalität in Frage zu stellen; darüber nachzudenken, welche Wünsche und Bedürfnisse wir selbst uns versagen, um uns in das vorgegebene Normalmaß einzupassen.

Wenn sexuelle Nöte zu Übergriffen führen, ist es für die Angehörigen besonders wichtig, Verantwortlichkeiten ebenso auseinander zu halten wie zu unterscheiden zwischen der Person und ihrem Tun: Ich bin nicht verantwortlich für das, was du tust (nicht ich muss mich schämen!). Ich akzeptiere/liebe dich, dein Verhalten aber kann und will ich weder gutheißen noch entschuldigen. Die Folgen deines Tuns gehen allein auf deine Rechnung.

Jede Grenzverletzung, welcher Art auch immer, sollte als Anstoß verstanden und genutzt werden, die eigenen Grenzen zu beleuchten und sie sichtbar(er) zu machen – für uns selbst wie für die anderen. In der Angehörigengruppe zu erfahren, welche Vielfalt von Möglichkeiten diese »Besichtigung« zutage fördert, kann helfen, persönliche Besonderheiten zu akzeptieren, auch die eigene Begrenztheit. Dann fällt es leichter, Differenzen auszuhalten und unterscheiden zu lernen: Hier stehe ich und da stehst du. Das sind meine Bedürfnisse/Wünsche/Probleme und das sind die deinen. Erst dann lässt sich erkennen, wo wir übereinstimmen, uns ergänzen, uns einigen, annähern oder aus dem Wege gehen wollen/können.

Das gilt nicht zuletzt für Störungen in der Partnerschaft. Das Problem der Sexualität klingt dabei vorzugsweise in der Frage nach Wirkungen und Nebenwirkungen der Medikamente an. Deshalb bleibt jede noch so erschöpfende Antwort unbefriedigend, die sich auf Sach- und Fachinformationen beschränkt. Es gilt auch hier, genauer hinzuhören und Gefühlen Raum zu geben. Dabei wirkt es oft geradezu (er-)lösend, wenn der Moderator seine Wahrnehmungen anspricht und auch scheinbar Unaussprechliches ausspricht. Es schmerzt, sich vom Partner vernachlässigt, nicht mehr »richtig« geliebt zu fühlen, allein gelassen zu sein mit der eigenen Bedürftigkeit. Auch dies ein Anlass, gemeinsam nachzudenken über Normen und Moral und die Frage: Wie kann ich (vielleicht anders) für mich sorgen und meinen Bedürfnissen gerecht werden?

Gesprächshilfe

»Heiraten möchte ich nicht. Ich bin Frührentner und trage Chromosomen in mir, die ich sexuell nicht weitergeben möchte. Deshalb scheue ich sexuelle Kontakte.« (42-jähriger Mann, Aufnahmestation)[*]

»Wegen der psychischen Erkrankung ist es enorm schwierig, in einer Partnerschaft zu leben, außerdem habe ich sexuelle Funktionsstörungen durch die Krankheit, auch durch die Medikamente.« (51-jähriger Mann, Aufnahmestation)[*]

»Durch die Beschäftigung mit der Krankheit ist das Problem Sexualität zweitrangig für mich, da ist die Sexualität eher ein Luxus, den man sich auch sowieso unter den gegebenen Umständen nicht leisten kann.« (36-jährige Frau, Aufnahmestation)[*]

»So wechselten gute und schlechte Tage miteinander. Unsere sexuellen Beziehungen waren besser als im Jahr zuvor, aber es kam vor, dass Walter impotent war, was ihn wiederum sehr verunsicherte, und er schob mir die Schuld zu. Darüber war ich nun wieder unglücklich und auch manchmal von ihm abgestoßen, da ja auch ich zu einer Generation von Frauen gehöre, die nur eine gehemmte Sexualität kennen gelernt hatten. Andererseits ging ich aber auch auf ihn ein, hatte ich doch nun erneut Angst vor ihm, dazu kam die Angst, wieder schwanger zu werden.«[**]

»Ich habe mir immer Enkelkinder gewünscht. Aber als ich erfuhr, dass meine Tochter schwanger ist, konnte ich mich gar nicht richtig freuen. Auch wenn sie selber nicht betroffen ist: die Krankheit ist halt in der Familie. Mich beruhigt da keine Statistik. Wen's trifft, dem nützt auch ein geringes Risiko nichts.« (55-jährige Ehefrau eines Psychosekranken)[***]

»Mein Sohn hat mir einmal gesagt, er könne mit keiner Frau ins Bett gehen, weil er dann immer das Gefühl habe, er schlafe mit mir. Da er es aber ablehnt, mit irgendjemanden über seine Probleme zu sprechen,

[*]   *Zitate aus Michael Eink: Kein Bett im Kornfeld... In: Gunter Herzog/Gabriele Tergeist: Störfall Sexualität. Psychiatrie-Verlag, Bonn 1996)*
[**]   *Aus Margarethe Eichberger: Die Beruhigung der Angst. Eine Familie lebt mit der Schizophrenie. Jakob-van-Hoddis-Verlag, Gütersloh 1990*
[***] *Zitate aus einer Kölner Angehörigengruppe*

Fortsetzung: Regensburger Verlaufsprotokolle

Angehörigengruppe am 04. März

Die Angehörigengruppe war diesmal sehr gut besucht, es waren insgesamt 13 Teilnehmer anwesend.

Zu Beginn stellte Frau B. ihre Tochter und ihren Schwiegersohn vor, die zum ersten Mal in der Gruppe waren. Frau B. berichtete gleich, dass ihr Sohn H. jetzt zu der Hause sei, und dass momentan sehr viel Hektik in der Luft liege. Dies sei deshalb so, weil ihr Sohn wieder zu arbeiten anfängt. Er habe sich auch ein Auto gekauft und sei in eine eigene Wohnung gezogen. Sie (Frau B.) belaste diese neue Situation sehr, da sie einfach Angst habe, dass wieder etwas schief geht. *Veränderungen*

Jetzt meldete sich die Tochter von Frau B. zu Wort und berichtete, wie es ihr im Umgang mit ihrem kranken Bruder ergehe. Seit er wieder aus dem Krankenhaus entlassen ist, rufe er sie jeden Tag um dieselbe Uhrzeit zu Hause an und erzähle ihr immer wieder dieselben Sachen. Dies gehe sogar so weit, dass ihr Bruder genau wisse, wann sie von der Arbeit nach Hause komme, und kaum sperre sie die Wohnungstür auf, läute auch schon das Telefon. Weiterhin erzählte sie, dass ihr Bruder oft ganz spontan bei ihr vor der Haustür stehe und ihr schmutzige Wäsche zum Waschen bringe, was sie jedes Mal sehr ärgere. *Belästigung*

Nun kamen von Herrn Faßhauer und mir und von einigen Gruppenteilnehmern Vorschläge, wie sich die Tochter von Frau B. von den ständigen Belästigungen ihres Bruders abgrenzen könnte. Es wurde z.B. vorgeschlagen, dass man einfach den Hörer auflegt, wenn es einem zu viel wird, oder dass man mit dem Bruder gewisse Tage vereinbart, wann er anrufen kann. Hier räumte jedoch die Tochter von Frau B. ein, dass es ihr doch sehr schwer falle, nicht ans Telefon zu gehen, und dass sie sich auch gleich Sorgen mache, wenn ihr Bruder nicht täglich bei ihr anrufe. Weiterhin meinte sie, dass sie ihren eigentlich älteren Bruder immer schon als jüngeren oder kleinen Bruder erlebt habe. *Loslassen und Kontrollverlust*

Daraufhin meldete sich der Schwiegersohn von Frau B. zu Wort, der die Umgangsweise seiner Frau und seiner Schwiegermutter nicht ganz verstehen konnte. Er meinte, es wäre höchste Zeit, dass H. endlich auf eigenen Beinen stehe und selbstständig werde. Er stellte jedoch auch die Frage, ob das bei dieser Krankheit jemals wieder möglich sein werde. Er bekam darauf von Frau L. zur Antwort, ihr Mann gehe seit Montag wieder zur Arbeit und das bekomme ihm sehr gut. Frau L. meinte, man müsse die kranken Angehörigen immer wieder motivieren und ihnen immer wieder zu verstehen geben, dass sie es schaffen werden. *Vertrauen und Ermutigung*

Jetzt berichtete Frau H., die zum erstenmal in der Angehörigengruppe war, über ihre Tochter, die sich z.Zt. noch auf einer Soziotherapiestation befindet, aber in Kürze entlassen werden soll. Sie lebe mit ihrer 38-jährigen Tochter seit Jahren in einer kleinen Wohnung zusammen und es bereite ihr immer wieder Schwierigkeiten, Forderungen an die Tochter zu stellen, da diese immer mit Aggressivität reagiere. Ihr selbst mache dies sehr viel Angst, da ihre Tochter ihr ja auch körperlich überlegen sei. Sie gab zu verstehen, dass sie in die Gruppe gekommen sei, um Möglichkeiten zu hören, wie sie besser damit umgehen könnte. Weiterhin berichtete sie, ihre Tochter nehme die verordneten Medikamente nur unregelmäßig ein, und wenn sie versuche, sie darauf hinzuweisen, reagiere die Tochter wieder aggressiv. *Aggression gegen Forderungen*

Hier stimmten ihr mehrere Gruppenteilnehmer zu, die ähnliche Probleme mit der Medikamenteneinnahme ihrer kranken Angehörigen erlebt hatten. Herr Faßhauer bemerkte hierzu, dass die Verordnung der Medikamente ein Vertrag sein soll zwischen Arzt und Patient, dass man als Angehöriger versuchen sollte, sich so wenig *Medikamente* wie möglich in diesen Vertrag einzumischen. Jetzt wurden von mehreren Gruppenteilnehmern Fragen an Herrn Faßhauer und mich gerichtet, welche Wirkung gewisse Medikamente haben und inwieweit sie notwendig sind.

Kontaktabbruch bei Aggressionen

Es stand natürlich noch die Frage im Raum, wie denn Frau H. mit der Aggressivität ihrer Tochter umgehen soll. Frau L. meinte, man solle den Angehörigen in solchen Situationen kräftig die Meinung sagen, das würde bei ihr manchmal sehr gut helfen. Andere schlugen vor, Frau H. solle doch bei solchen Aggressionsausbrüchen einfach die Wohnung verlassen und ihre Tochter eine Zeit allein lassen.

Ärztliche Schweigepflicht

Neu in der Gruppe waren auch Herr und Frau S., deren Sohn stationär auf der Abteilung 19 war. Zur Zeit befinde sich ihr Sohn in ambulanter nervenärztlicher Behandlung bei Herrn Dr. M., mit dem sie ganz und gar nicht zufrieden seien, weil er ihnen jegliche Auskunft über ihren Sohn verweigere. Sie würden gerne mithelfen, dass es ihrem Sohn wieder besser geht, aber bisher hatten sie keine Möglichkeit, sich irgendwo Anregungen zu holen. Deshalb seien sie heute in die Angehörigengruppe gekommen.

Leider war die Zeit schon abgelaufen, sodass es nicht mehr möglich war, auf die Probleme genauer einzugehen. Wir boten hierfür die nächste Gruppe in 14 Tagen an.

Rückblickend ist mir aufgefallen, dass Herr Faßhauer und ich sehr aktiv waren, weil sehr viele Fragen an uns gerichtet wurden. Es hat uns dieses Mal Schwierigkeiten bereitet, die Fragen auf die einzelnen Gruppenteilnehmer umzuleiten. Außerdem störte mich, dass nicht alle Gruppenteilnehmer zu Wort kamen, weil Frau H., aber auch Frau B., deren Tochter und Schwiegersohn fast die ganze Zeit für ihre Probleme beanspruchten. Das wurde beim Hinausgehen auch von Frau L. angesprochen, die sich vornahm, sich das nächste Mal eher zu Wort zu melden. Positiv war, dass sich nach der Sitzung draußen im Warteraum kleine Grüppchen bildeten, die noch einige Zeit diskutierten und Adressen austauschten.

Angehörigengruppe am 18. März

Die Gruppe war wieder gut besucht. Es waren insgesamt zwölf Teilnehmer anwesend, wovon vier zum ersten Mal dabei waren.

Die Angst im Hinterkopf

Zu Beginn berichtete Frau B., dass es ihrem Sohn recht gut gehe. Er sei seit einer Woche in der Arbeit, die Anmeldung mit dem Auto habe geklappt und mit seiner Wohnung sei auch alles in Ordnung. Ihr Mann und sie seien insgesamt angenehm überrascht, dass alles jetzt so gut gehe. Ihr Sohn habe in Sindlfing eine Sozialpädagogin gefunden, die er regelmäßig besuche und zu der er guten Kontakt gefunden habe. Sie selbst könne sich jetzt besser abgrenzen, d.h., dass sie die ganzen Sachen nicht mehr so aufregen; aber im Hinterkopf habe sie immer noch etwas Angst vor der Zukunft.

Entlastung durch die Gruppe

Herr Faßhauer wies darauf hin, wenn sich ein Teilnehmer unter Druck fühle und irgendetwas loswerden wolle, so könne er das jederzeit tun. Er fügte auch hinzu, dass die Angehörigengruppe der richtige Ort sei, um Dinge anzusprechen, die einen momentan in Bezug auf den kranken Angehörigen stark belasten, und um sich mit den anderen Gruppenteilnehmern darüber auszutauschen.

PsychKG und Schuldgefühl

Daraufhin berichteten Frau T. und ihre Schwiegertochter über die stationäre Einweisung ihres Sohnes bzw. Ehemannes ins Bezirkskrankenhaus Regensburg. Unter Tränen schilderten sie, welche Vorwürfe sie sich beide machten, da der Patient jetzt auf der geschlossenen Abteilung sei. Andererseits gab die Ehefrau des

Patienten zu verstehen, dass sie die Notwendigkeit der stationären Aufnahme zwar einsehe, dass sie aber immer noch Schuldgefühle habe, weil sie ihren Mann überredet habe, freiwillig ins Bezirkskrankenhaus Regensburg zu gehen. Ihr Mann mache ihr die Sache auch sehr schwer, da er sie einerseits für den stationären Aufenthalt verantwortlich mache, aber andererseits laufend Kontakt zu ihr suche. Dadurch falle es ihr sehr schwer, etwas Abstand zu bekommen, denn er rufe ständig bei ihr an und verlange, dass sie ihn besucht.

Jetzt wurde von vielen Gruppenteilnehmern berichtet, dass sie ähnliche Erlebnisse bei der Klinikeinweisung ihrer kranken Angehörigen hatten, dass aber letztlich der stationäre Aufenthalt Besserung gebracht habe. *Einweisung als Hilfe*

Auch Herr und Frau S. schilderten, wie schlimm die Einweisung ins Bezirkskrankenhaus Regensburg gewesen war, aber ihr Sohn arbeite jetzt seit zwei Wochen wieder; er sei in ambulanter Behandlung bei Dr. M. und es gehe ihm viel besser.

Ebenfalls berichtete Frau K., die auch zum ersten Mal in der Gruppe war, von ihrem Sohn, der sehr krank war und deshalb auf die geschlossene Abteilung 19a eingewiesen werden musste; jetzt sei er in der Soziotherapiestation unseres Hauses und es gehe sichtlich bergauf.

Es wurde in der Gruppe diskutiert, inwieweit die Unterbringung auf der geschlossenen Abteilung notwendig ist. Ich erklärte, dass die Art der stationären Unterbringung vom aktuellen Krankheitsbild abhängig sei, und dass bei akuten Erkrankungszuständen zum Schutz der Patienten die geschlossene Abteilung erforderlich sein kann. *Geschlossene Station als Schutz*

Gegen Ende der Sitzung erkundigte ich mich noch bei Frau M. und ihrer Tochter nach der kranken Tochter bzw. Schwester. Sie berichteten beide, dass M. seit etlichen Wochen arbeite, und dass sie für sie beide wieder »Schwester und Tochter« geworden sei. Weiterhin bemerkte die Tochter von Frau M., dass ihre Schwester in der letzten Zeit wesentlich selbstbewusster geworden sei und sich auch beruflich akzeptiert fühle. Nun wurde von mehreren Gruppenteilnehmern angesprochen, wie gut es tue, wenn man solche positiven Entwicklungen in der Gruppe zu hören bekommt. *Ermutigung durch erfreuliche Beispiele*

Anzumerken wäre, dass Frau H. durch ihre laufenden Zwischenfragen den Gruppenprozess sehr störte. Sie berichtete eigentlich nur Positives von ihrer Tochter, stellte jedoch immer die Frage: »Was wäre aber, wenn...« Frau M. bemerkte (nur für mich hörbar), sie glaube, Frau H. halte ihre Tochter wie in einem Käfig.

Mich nervte, dass durch die penetrante Fragerei von Frau H., die immer an Herrn Faßhauer oder mich gerichtet war, sich in der Gruppe kleine Gesprächsgruppen bildeten, was den Gruppenprozess stark störte.

Exkurs: **Spielregeln und Gesprächshilfen**

Susanne Heim

*Die beste Führung ist die,
unter der die Leute sagen:
Wir haben es selbst geschafft.
Laotse*

Vieles regelt sich von selbst. Manchmal ist es aber gut, sich an bewährte Spielregeln zu erinnern. Insbesondere, wenn nach einem Treffen Unzufriedenheit zurückgeblieben ist, kann es hilfreich sein, die nächste Sitzung mit einem kleinen »Moratorium« zu beginnen, um sich gemeinsam darauf zu besinnen, was für ein gedeihliches Miteinander wichtig ist:

Jeder ist für sich selbst verantwortlich
- Jeder bestimmt für sich selbst, wann er spricht und wann er schweigt. Niemand darf genötigt werden, sich zu äußern; weder vom Moderator noch von anderen in der Gruppe.

Nicht alle gleichzeitig
- Jeder darf sagen, was er will. Wenn aber mehrere gleichzeitig reden, werden sie nicht mehr von allen gehört, und den meisten geht der rote Faden verloren. *Alle* müssen dafür sorgen, dass nur einer spricht.

Ärger äußern, nicht nach Hause tragen
- Wer sich über etwas ärgert, ist nicht mehr aufmerksam, sondern schaltet ab. Auf Unmut, der nicht deutlich benannt wird, können andere auch nicht angemessen reagieren. Staut sich der Ärger auf, kann es zu einer »Vergiftung« des Gruppenklimas kommen.

Alle sind mitverantwortlich
- Wenn ein Gespräch unbefriedigend verläuft, liegt das nicht allein an den aktiv Beteiligten, sondern auch an denjenigen, die ihre Unzufriedenheit nicht rechtzeitig geäußert haben.

Seitengespräche vermeiden
- Kurze Seitenbemerkungen sind manchmal sehr entlastend. Es ärgert und stört jedoch, wenn andauernd mit dem Nachbarn geredet wird.

Sich selbst zur Sprache bringen
- Wer etwas sagt, sollte von *sich* sprechen, von seinen Erfahrungen und Gefühlen. Statt davon zu reden, was »man« tut oder tun sollte, ist es besser zu sagen, was ich selbst für richtig, gut oder schlecht halte. Gemeinplätze sind sowieso schon überbevölkert.

Alles bleibt in der Gruppe
- Nichts wird aus der Gruppe herausgetragen. Verschwiegenheit ist nötig, damit sich vertrauensvolle Offenheit entfalten kann.

Klar sagen, was ich will
- Jeder muss seine Bedürfnisse, Wünsche und Erwartungen klar und deutlich zum Ausdruck bringen, damit die anderen wissen, woran sie sind. Heimliche Wünsche werden unheimlich selten erfüllt. Die anderen sollten allerdings mit Anstand »nein« sagen dürfen.

Gefühle ansprechen
- Jedes Miteinander weckt unvermeidlich Emotionen. Merke: Auch verborgene Gefühle teilen sich mit. Wenn sie aber offen ausgesprochen werden, können wir besser damit umgehen. Das schafft Klarheit für uns selbst und die anderen. Oft hilft es, wenn der Moderator Unterschwelliges anspricht.

Rücksicht nehmen
- Gefühle, Wünsche und Bedürfnisse, Ärger und Störungen äußern heißt nicht, keine Rücksicht mehr zu nehmen auf die Belange der anderen und der Gruppe. Um gemeinsam einen Weg zu finden, der möglichst alle zufrieden stellt, müssen gelegentlich Kompromisse geschlossen, eigene Wünsche zeitweise zurückgestellt und im Augenblick dringendere Bedürfnisse berücksichtigt werden. Wie im richtigen Leben...

Mit gutem Beispiel vorangehen
- Vielen Menschen fällt es schwer, ihre Gefühle und Wünsche in Worte zu fassen. Insbesondere Angehörige müssen oft genug erst (wieder) lernen, ihre eigenen Bedürfnisse wahrzunehmen. Die Gruppe bietet dafür ein gutes Übungsfeld. Es macht

Mut, wenn Moderatoren Unaussprechliches aussprechen, und es fördert das Gruppenklima, wenn sie Offenheit »vorleben«, indem sie über eigene Gefühle und Erlebnisse berichten – wenn sie sich als Teilnehmende verstehen, die in und mit der Gruppe lernen. (Unter Verwendung von Materialien des Paritätischen Bildungswerkes zum Kurs für Gruppenleiter »Von alleine läuft es nicht...« – unveröffentlicht.)

Fortsetzung: Regensburger Verlaufsprotokolle

Angehörigengruppe am 01. April

Die Stimmung in der Gruppe war heute ausgesprochen gut und optimistisch. Meiner Meinung nach lag es daran, dass gleich zu Beginn der Gruppe sich einige Teilnehmer erfreut und erleichtert über den jetzigen, gebesserten Zustand ihrer kranken Angehörigen äußerten.

Zuversicht durch Erfolge

Frau T. erzählte, dass es ihrem Ehemann wesentlich besser gehe, und dass sie jetzt auch weniger Schuldgefühle habe, ihn in die Klinik gebracht zu haben.

Frau K. berichtete, sie sei mit dem jetzigen Zustand ihres Sohnes sehr zufrieden. Ebenfalls recht zuversichtlich äußerten sich Herr und Frau S., deren Sohn seit nunmehr vier Wochen arbeitet. Etwas Sorgen bereite ihnen allerdings, dass ihr Sohn sich seit seiner Erkrankung von seinen Freunden immer mehr zurückziehe. Herr Faßhauer meinte dazu, der Sohn brauche vielleicht diesen »Rückzug«. Von einigen Teilnehmern wurden auch ähnliche Verhaltensweisen ihrer Angehörigen berichtet.

Rückzug als Schutz

Einige Teilnehmer erzählten, wie schwierig es manchmal sei, ihre kranken Angehörigen zu einem stationären Aufenthalt zu bewegen. Es wurde diskutiert, inwieweit eine Aufenthaltspflegschaft zu empfehlen wäre bzw. welche Erfahrungen die einzelnen Teilnehmer auf diesem Gebiet hatten.

Angehörigengruppe am 15. April

Zu Beginn der Gruppe berichtete Frau M., dass ihre Tochter vor kurzem wieder in stationäre Behandlung musste. Im ersten Moment habe sie große Wut auf die Tochter gehabt. Ihre Tochter M. wurde auf die neurologische Station 22a im Bezirkskrankenhaus eingewiesen, aber nach wenigen Tagen wieder entlassen. Jetzt versuche M., bei der Bayerischen Gesellschaft für psychische Gesundheit Arbeit zu finden.

Rückfall macht Wut

In der Gruppe wurde diskutiert, inwieweit die Wut, die Frau M. auf ihre Tochter hatte, berechtigt war; die Tochter sei doch krank. Weiterhin stellte sich die Frage, ob für eine psychisch Kranke die Arbeit mit kranken Menschen bzw. anderen psychisch kranken Menschen geeignet sei.

Herr und Frau S. erzählten, dass es ihrem Sohn recht gut gehe. Er mache nach wie vor eine Elektrolehre, sei aber abends sehr müde, da er ein halbes Jahr nachholen müsse. Zu Hause wirke er sehr zufrieden. Den Eltern bereite es aber doch Sorgen, dass ihr Sohn kaum Kontakt zu früheren Freunden habe und ziemlich zurückgezogen lebe.

Kontaktarmut

Jetzt tauchte die Frage auf, welche Kontaktgruppen für psychisch Kranke in Regensburg angeboten werden und welche für ihren Sohn geeignet seien. Ich wies Herrn und Frau S. auf den Sozialpsychiatrischen Dienst des Diakonischen Werkes und auf die Bayerische Gesellschaft für psychische Gesundheit hin, an die sich ihr Sohn jederzeit wenden könne.

Ambulante Angebote

Frau N. berichtete, ihr Sohn besuche seit einiger Zeit eine Selbsthilfegruppe und seither gehe es ihm zusehends schlechter. Er hänge zu Hause jetzt wieder richtig durch, habe die Arbeit bei Siemens nicht mehr geschafft, und sie sei sehr verzweifelt. Frau N. gibt der Selbsthilfegruppe in Regensburg Schuld an der Gesundheitsverschlechterung ihres Sohnes; seit er dorthin gehe, bete er zunehmend und entwickle religiöse Ideen. Weiterhin will ihr Sohn nicht mehr zu Frau Dr. M. in Behandlung gehen, weil sie selbst (Frau N.) ebenfalls bei Frau Dr. M. in Behandlung sei. Frau N. meint, dass ihr Sohn dringend wieder in stationäre Behandlung müsse, aber sie wisse nicht, wie sie ihn dazu bewegen könne.

Stationäre Behandlung

Nun kamen mehrere Fragen von den anderen Gruppenmitgliedern, welche Möglichkeiten es für eine stationäre Einweisung ihres kranken Angehörigen gebe. Ich teilte ihnen die verschiedenen Möglichkeiten mit, wies aber darauf hin, dass sie als Angehörige versuchen sollten, bei den ersten Krankheitszeichen so schnell wie möglich zu handeln. Ich bot ihnen an, dass sie sich jederzeit an die Zentrale Aufnahme des Bezirkskrankenhauses wenden können, wenn eine mögliche Einweisung ihres kranken Angehörigen anstehe. In erster Linie aber sollten sie sich an den zuständigen Hausarzt oder Nervenarzt wenden. Ich fügte noch hinzu, dass sie als Angehörige von psychisch Kranken eine klare Grenze ziehen müssen, wann sie ihr krankes Familienmitglied wieder zur stationären Behandlung bewegen, um sich selbst zu schützen.

Frau L. erzählte, sie gönne sich vier Tage Urlaub und habe kein schlechtes Gewissen gegenüber ihrem Mann. Auch Herr B. sagte, dass es seinem Sohn sehr gut gehe, sodass er eigentlich momentan ganz zufrieden sei.

Frau T. berichtete von ihrem Ehemann, der seit einiger Zeit wieder zu Hause ist. Momentan gehe es ihm nicht besonders gut, aber er gehe regelmäßig zum Nervenarzt.

Medikation und Compliance

Von einigen Gruppenmitgliedern wurde die Gefahr eines Rückfalls angesprochen. Hierzu meinte Frau T., dass sie momentan bei ihrem Mann nicht mit einem Rückfall rechne. Für sie gehe es jetzt in erster Linie darum, dass ihr Mann wieder gesund werde, und sie versuche, so gut wie möglich dabei mitzuhelfen. Schwierigkeiten bereitet ihr die Medikamenteneinnahme ihres Mannes; der Nervenarzt habe ihr gesagt, sie könne die Dosis langsam reduzieren, aber sie wisse nicht genau, wann und wie. Von der Gruppe wurde ihr geraten, dass sie unbedingt den behandelnden Nervenarzt um eine klare Medikamentenverordnung bitten sollte.

Schutz vor Hoffnungslosigkeit

Zuletzt meinte noch Frau N., sie habe zum Teil Zweifel, dass ihr Sohn Ch. wieder ganz gesund werde. Ihr erscheine momentan die Situation sehr hoffnungslos, da der Gesundheitszustand ihres Sohnes ständig schwanke. Sie selbst könne das nur aushalten, indem sie sich selbst laufend beschäftige und sich mehr Zeit für sich selbst gönne.

Information

In dieser Sitzung war ich drei Viertel der Zeit alleiniger Moderator der Gruppe. Dadurch waren die Teilnehmer sehr auf mich fixiert und es wurden sehr viele Fragen über Möglichkeiten der stationären Einweisung in ein Nervenkrankenhaus gestellt. Auch musste ich Auskunft geben über das Angebot an Kontaktgruppen im Regensburger Bereich. Dadurch war es natürlich schwierig, die anderen Teilnehmer einzubeziehen. Ich finde aber, dass ab und zu eine Angehörigengruppe auch als Informationsgruppe für so wichtige Fragen dasein sollte.

Resümee

Mit der Zeit hat sich ein fester Stamm von ca. 20 Angehörigen gebildet, von denen immer einige an den Gruppenabenden anwesend sind. Ansonsten erneuert sich die Gruppe ständig. Das hat den Vorteil, dass neu Hinzukommende von den vielfältigen Erfahrungen der »eigentlichen Experten« profitieren. In der Gruppe sind sowohl Eltern als auch Geschwister und Ehepartner von Patienten.

Angehörige als Experten

Für viele Angehörige bedeutet die Gruppe die einzige Möglichkeit, über ihre Probleme, Ängste und Schuldgefühle offen zu sprechen.

Es geht also im Wesentlichen darum, wie sich die Erkrankung eines Familienmitgliedes im Erleben der Angehörigen spiegelt und welche Bewältigungsstrategien diese entwickeln.

Nachdem der Andrang zu den Gruppenabenden immer größer wurde, haben wir uns 1988 entschlossen, eine zweite Gruppe anzubieten. Diese findet ebenfalls 14-täglich dienstags statt – allerdings um eine Woche versetzt.

Neugründung

Bis heute sind diese Angehörigengruppen aktiv. Viele der genannten Themen wiederholen sich zwar immer wieder, aber durch den offenen Charakter der Gruppen bleiben sie stets interessant.

Die Rolle des Moderators

Der Begriff Moderation scheint mir der passende Ausdruck für die Leitung der Regensburger Angehörigengruppe zu sein. Rückblickend möchte ich versuchen, einige grundsätzliche Erfahrungen als Moderator aufzuzeigen.

Wer sich der Angehörigenarbeit zuwendet, sollte zunächst einmal sein Selbstverständnis und die sogenannte ganzheitliche Betrachtung (Menschenbild, Wertschätzung etc.) selbstkritisch hinterfragen. Dabei sind theoretisches Hintergrundwissen (EE-Konzept etc.) und praktische Erfahrung im Umgang mit psychisch Kranken hilfreich. Auch das Studium von Fachbüchern (s. Literaturhinweise), insbesondere Kenntnisse in Gesprächsführung, Rollenspiel und Gruppendynamik können nicht schaden.

Hintergrundwissen und praktische Erfahrung

Für die Regensburger Angehörigengruppe war die Auswahl des Moderationspartners bzw. der gemeinsame Entschluss, dieses Gruppenangebot zu machen, von entscheidender Bedeutung. Wir haben sehr schnell gemerkt, dass die »Chemie« zwischen uns beiden stimmt, was auch der Gruppenverlauf immer wieder bestätigte. Besonders die Besprechungen nach jedem Gruppenabend und die Erstellung von Verlaufsprotokollen erwiesen sich für uns Moderatoren als sehr nützliche gegenseitige Supervision. Wir konnten so laufend die Zielsetzung der Gruppe reflektieren und diese gegebenenfalls anpassen bzw. ändern.

Nachbesprechungen und Verlaufsprotokolle

Ein weiterer wichtiger Faktor ist der Wille durchzuhalten. Es sollte sichergestellt werden, dass die Angehörigengruppe immer stattfinden kann. Die Verantwortlichkeit muss eindeutig organisiert und festgelegt werden. So fiel in Regensburg kein Treffen aus, auch wenn das eine oder andere Mal nur wenige Angehörige erschienen.

Regelmäßigkeit

Ebenso ist ein fester Ansprechpartner für die Angehörigenarbeit (einer der beiden Moderatoren, in unserem Falle meine Person) zu benennen und diese Funktion transparent zu machen, sowohl innerhalb als auch außerhalb der Klinik. Seine Aufgabe besteht darin, die »Fäden« zusammenzuhalten, die Organisation der Informationsveranstaltungen, Feste etc. zu übernehmen und im Notfall als »Telefonseelsorger« zur Verfügung zu stehen. Manchmal musste ich auch die Angehörigen zur erneuten Teilnahme an der Gruppe motivieren.

Ansprechbarkeit

Motivation der Profis

Die Motivation anderer Mitarbeiter aus dem ärztlichen und pflegerischen Bereich sahen wir von Anfang an als unseren Auftrag an. Wir luden interessierte Mitarbeiter (immer nur einen!) in Absprache mit der Gruppe in eine der nächsten Sitzungen ein. Dies wirkte sich in mehrfacher Hinsicht positiv aus:

- Die Mitarbeiter konnten bezüglich der Gruppenleitung (Moderatorenrolle) »entängstigt« werden. So gelang auch die Installation anderer Angehörigengruppen in der Klinik.
- Die Angehörigen selbst erlebten die Teilnahme »Neuer« als Wertschätzung der Klinik für die Sache an sich. Einige Angehörige fühlten sich ermutigt, den Selbsthilfecharakter der Gruppe zu zeigen, indem sie sehr stolz ihre neuen Bewältigungsstrategien im Umgang mit den Kranken präsentierten.
- Für uns Moderatoren war es eine gute Gelegenheit, nach eventuellen Nachfolgern Ausschau zu halten.

Übergabe

Tatsächlich wechselte nach ca. einem Jahr gemeinsamer Moderatorenarbeit der Arzt in eine andere Klinik, und wir konnten relativ problemlos die Übergabe an den in diesem Fall ärztlichen Nachfolger vorbereiten. Durch eine Initiative der Angehörigengruppe wurde im Rahmen eines Festes sowohl die Verabschiedung als auch der Einstand gemeinsam gefeiert.

Nach fast sieben Jahren aktiver Angehörigenarbeit stand auch mein Abschied bevor. Auch ich konnte alle meine Aufgaben einer sehr motivierten Nachfolgerin übergeben. Sie ist als Fachkrankenschwester für Psychiatrie noch heute äußerst engagiert in der Angehörigenarbeit aktiv. Mich persönlich bewegt es noch heute, wenn ich an das herzliche Abschiedsfest der Angehörigengruppe denke.

Kontinuität

Rückblickend erscheint es mir für die Gruppendynamik bedeutungsvoll, dass – wenn irgend möglich – nur einer der Moderatoren wechselte. Der Beziehungsaspekt und die Kontinuität einer Vertrauensperson dürften wichtige Komponenten sein für den Erfolg der Angehörigengruppe in Regensburg - mit all ihren weiteren Entwicklungen bis hin zum e. V.

Supervisionscharakter

Zuletzt möchte ich nicht versäumen, auf den persönlichen Gewinn in Form der Supervision durch die Angehörigengruppe hinzuweisen. Man begreift durch die Arbeit mit Angehörigen eigentlich erst, was tatsächlich in einer Familie »los« ist, in der ein Mitglied plötzlich psychisch erkrankt. Die Einsichten, die die Angehörigen den Gruppenleitern vermitteln, ermöglichen ein viel empathischeres und differenzierteres Umgehen mit dem Patienten oder Klienten und dessen Familie.

Warum Angehörigenarbeit zu den wesentlichen Aufgaben der Psychiatrie gehört

Friedhelm Kitzig

Einige gute Gründe

- Betrachtet man die Biographie der Erkrankten, so bilden die Klinik, die Station, das pflegende und therapeutische Personal immer nur einen kleinen Ausschnitt aus der Lebensrealität von Patienten und Angehörigen – und dies noch nicht einmal unter Bedingungen des Alltags, den es zu bewältigen gilt, sondern unter den besonderen Bedingungen institutionell organisierter Therapie.

  Klinik als Episode

- Angehörige sind meistens die einzigen kontinuierlichen, d.h. nicht ständig wechselnden Bezugspersonen im Leben gerade von chronisch psychisch Kranken, gleichgültig wie stabil oder instabil, wie »normal« oder »gestört« uns Professionellen die familiäre Wirklichkeit erscheinen mag. Deshalb kommt den Angehörigen eine hohe Bedeutung zu bei der Frage, wie die Patienten ihr Leben nach einem Krankenhausaufenthalt wieder aufnehmen, gestalten und bewältigen.

  Der Alltag findet zuhause statt

- Es ist also der Schluss zulässig: (Behandlungs-)Erfolg ist nicht nur über die direkte Einflussnahme auf den Patienten zu erreichen, sondern auch, manchmal sogar vorrangig, über die Stützung des Lebensumfeldes, die Stärkung der Ressourcen der Angehörigen bei der Verarbeitung und Bewältigung des durch die psychische Erkrankung eines Familienmitglieds geprägten Alltags.

  Stärkung der Ressourcen

- Professionelle Helfer mögen Experten sein in Fragen von Krankheit, Pflege und Behandlung, Krankenhaus und anderen Institutionen der psychiatrischen Versorgung. Sie sind keine Experten, wo es um das Zusammenleben mit psychisch Kranken geht. Da sind die Angehörigen Experten, häufig wissen sie es nur nicht!

  Angehörige als Experten des Alltags

- Psychiatrie ist, wie alle anderen Bereiche des Gesundheitswesens auch, ein Dienstleistungsbereich. Als Kunde einer Dienstleistung beanspruchen wir ebenso qualifizierte wie respektvolle Behandlung durch die Anbieter: Wir alle erwarten die bestmögliche Qualität der Dienstleistung, hinreichende Information und Aufklärung, hinreichende Transparenz und Nachvollziehbarkeit des Behandlungsgeschehens, dass wir ernst genommen werden in unseren Sorgen, Fragen und Wünschen.

  Psychiatrie als Dienstleistung

- Vier Grundlagen der Begegnung mit Angehörigen sollten professionelle Helfer beherzigen:
  - Akzeptanz der Vielfalt familiärer Wirklichkeiten mit ihrer jeweils eigenen Geschichte und Bedeutung – bei aller Gestörtheit und Bedürftigkeit;
  - Allparteilichkeit, d.h. das Bemühen und die Fähigkeit, sich aktiv in die Position eines jeden Familienmitglieds einzufühlen;
  - Wahrnehmung der Ressourcen statt Wahrnehmung der Defizite;
  - Wahrnehmung von Wirkungszusammenhängen (Verstrickung) statt Ursachen-Wirkungs-Wahrnehmung (Schuldzuweisung).

  Grundhaltungen

Die Angehörigengruppe – Ein Leitfaden für Moderatoren
© Psychiatrie-Verlag, Bonn 2000

Was Angehörigengruppen für Angehörige leisten können

Aufhebung der Isolation

- Aufhebung des Erlebens von Einzigartigkeit und damit von Isolation in der problematisch gewordenen Lebenssituation durch
  - Identifiaktion: »Anderen geht es genauso ...«
  - Relativierung und Abgrenzung: »Anderen geht es noch schlimmer...« So entsteht eine Betroffenen-Gemeinschaft. In einer ersten Phase des Prozesses kann sich das zunächst in einer Solidarisierung der Angehörigen gegen die Patienten ausdrücken (Klaus Dörner: »schlechte Gemeinschaft«), indem vorhandene, aber häufig als nicht erlaubt geltende Gefühle (»schließlich ist er ja krank...«) wie Ärger, Unverständnis, Klagen und Beschwerden einen erlaubten Raum und Ausdruck finden.

Entlastung

- Entlastung von Druck durch Aussprechen, Erzählen, Mitteilen in der Gewissheit einer verständnisvollen Zuhörerschaft.

Entfixierung

- Entfixierung vom zentralen Syndrom der Krankheit und Ausrichtung der Energien auf Kommunikation und Interaktion. Lenkung der Wahrnehmung vom Krankheitsaspekt auf den Handlungsaspekt.

Distanzierung

- Distanzierung bzw. Auseinanderrücken aus unheilvoller Verstrickung. Grenzziehung gegenüber den Familienmitgliedern, um eigenen Wünschen, Bedürfnissen und Lebensentwürfen wieder Raum zu lassen. Das bedeutet aber auch: Trauer über verhinderte Lebensentwürfe, Aufdecken verschütteter Wünsche. Dabei ist zu berücksichtigen, dass solche Fixierungen und Verstrickungen auch bindende, erhaltende, also für das familiäre System und den einzelnen positive Wirkungen haben. Sie dienen der Abwehr und Vermeidung, der Kontrolle und Neutralisierung angstbesetzter, unerlaubter Gefühle, Verhaltensweisen und Themen (Krankheit als familiäre »Pseudo-Aufgabe«).

Förderung des gesunden Egoismus

- Förderung des »gesunden Egoismus«, Aufgabe einer (scheinbar) selbstlosen Haltung. Das kranke Familienmitglied wird das zunächst als schmerzlichen oder gar bedrohlichen Entzug von Aufmerksamkeit und Zuwendung erleben. Für die Angehörigen bedeutet dies aber zugleich Entlastung von Schuld, Förderung der Selbstfürsorge und Schutz vor individueller Selbstaufgabe bis zur Erschöpfung.

Soziale Orientierung und Selbstentfaltung

- Die Förderung und Entwicklung von mehr Eigenständigkeit und Eindeutigkeit auf Seiten der Angehörigen ermöglicht auch soziale Orientierung für den an Orientierungsschwäche leidenden Patienten: Die eigenen Angehörigen werden in der Interaktion wieder ein Gegenüber. Die als notwendig erlebte, aber bisweilen übermäßige Rücksichtnahme steht oft der Selbstentfaltung und der sozialen Orientierung des Patienten im Wege.

Feedback

- Rückkopplung alltäglicher Rollen- und Verhaltensmuster: Angehörigengruppen in gemischter Zusammensetzung (Eltern/Kinder/Ehepartner/Geschwister) ermöglichen eine Überprüfung der eigenen Haltung durch den Vergleich, aber auch durch die Konfrontation mit den anderen und deren Reaktion.

Was Angehörigengruppen den Mitarbeitern in der Klinik bringen

- Der zeitliche und personelle Aufwand hält sich in Grenzen. Die mögliche Strukturierung und Kanalisierung von Zeit und Bedürfnissen, Druck und Spannung vereinfacht Abläufe und Aufgabenbewältigung.

Vereinfachung der Arbeitsabläufe

- Die Gefahr einer Überforderung z.B. durch die Einbindung der Mitarbeiter in familiäre Verstrickungen wird geringer.

Entlastung

- Die Wahrnehmung des Geschehens wird erweitert: Kontext und Mehrperspektivität der Krankheit und der Situation, in der sie entstanden ist und bewältigt wird, lenkt die Wahrnehmung vom Symptom (Krankheitsaspekt) zur Interaktion (Handlungsaspekt).

Erweiterung der Wahrnehmung

Was man beachten sollte

Die Angehörigengruppe ersetzt nicht den Kontakt, das Gespräch mit den Angehörigen auf Station. Information, Einbeziehung der Angehörigen in die konkrete Behandlung ihres kranken Familienmitgliedes braucht auf den Stationen einen eigenen Raum. Hierzu hat sich die Einrichtung von Angehörigenvisiten bewährt.

Zusätzliche Angebote

Das Angebot einer Angehörigengruppe muss den Angehörigen nahe gebracht werden. Die momentanen Belastungen, Gefühle wie Angst und Schuld überlagern häufig die Wahrnehmung eigener Bedürfnisse, beschränken den Blick für das eigene Wohlergehen. Und: Menschen wollen das Gefühl haben, dass sie persönlich gemeint sind, wollen verstehen, was sie für ihr konkretes Problem davon haben, nicht nur, was allgemein möglich und sinnvoll ist. Neben der öffentlichen Ausschreibung und dem Einladungsbrief erhöht das persönliche Gespräch für viele Angehörige die Annehmbarkeit des ungewohnten Angebots.

Persönliche Ansprache

Bei der Information und der Motivierung der Angehörigen kommt den Stationsmitarbeitern eine hohe Bedeutung zu: Sie sind diejenigen, die den Erstkontakt und häufig auch kontinuierlich Kontakt mit Angehörigen haben, die unmittelbar etwas von den Belastungen erfahren.

Stellenwert des Stationsteams

Das Angebot von Angehörigengruppen außerhalb der Station oder stationsübergreifend braucht eine ständige Rückkoppelung in den Stationsalltag. Der Angehörigengruppe gebührt die gleiche selbstverständliche Aufmerksamkeit wie der Arztvisite oder der Medikamentenausgabe (Ich kann nur das gut »verkaufen«, von dem ich selbst überzeugt bin.) Eine Angehörigengruppe ohne regelmäßige Anbindung an den Stationsalltag bleibt meistens leer.

Anbindung an den Stationsalltag

Wie Angehörige die Gruppe erleben

Zitate

»In der Angehörigengruppe ist mir klar geworden: Es ist keine Schande, eine kranke Tochter zu haben. Das war wie eine Offenbarung!«

»Es ist doch tröstend, dass man nicht alleine ist mit seinen Problemen, den anderen geht es ganz ähnlich.«

»Wir erkennen uns ja sehr oft in den Erzählungen der anderen wieder – da sieht man auf einmal, was man selbst ändern könnte.«

»Ich gehe immer irgendwie gestärkt nach Hause.«

»Dadurch habe ich mich endlich getraut, auch mal neue Verhaltensweisen auszuprobieren.«

»Wenn's bei den anderen aufwärts geht, dann macht das auch mir Mut.«

»Ich bin viel gefasster, gelassener geworden und gerate nicht mehr so schnell in Panik, wenn's meinem Sohn mal nicht so gut geht.«

»Hat man Probleme mit den Seinen,
hilft kein Jammern und kein Weinen.
Man nimmt das Herz in beide Hände,
verlässt die ach so trauten Wände,
lenkt seine Schritte wild entschlossen
bei Wind und Wetter unverdrossen
eiligst zum Gesprächskreis bei Rat und Tat.
(Es wird ein sehr vertrauter Pfad!)

Die Gruppe kennt ja unsere Sorgen,
die oft beginnen früh am Morgen.
Sie weiß um Kummer, stillen Schmerz,
der fast zerdrücken will das Herz.
Wir alle sitzen im gleichen Boot,
wir alle sehen manchmal rot,
wir alle wissen oft kaum weiter.
Jedoch: Wir lernen, sind gescheiter
als jene, die verzweifelt und stumm
sich ewig drehen im Kreis herum.«

Hanna Sichling

Die Angehörigengruppe – Ein Leitfaden für Moderatoren
© Psychiatrie-Verlag, Bonn 2000

Eine lieb gewordene Pflicht

Am 30. Januar 1985 wurde meine damals 20-jährige Tochter aus dem Finanzdienst entlassen. Begründung: Fehlverhalten, Angst vor dem Parteiverkehr. Es folgte eine furchtbare Zeit, nirgends fand ich Verständnis oder Hilfe. Im März 1986 kam ich völlig erschöpft zur Kur nach Lam. Dort erfuhr ich von der Möglichkeit, an einer Gesprächsrunde der Angehörigen von psychisch Kranken im Bezirkskrankenhaus Regensburg teilzunehmen. Im April 1986 war ich zum ersten Mal da.

Auf einmal war ich nicht mehr allein. Da gab es Ehepaare, Mütter, Väter, Geschwister und Geschiedene wie mich. Alle hatten das gleiche Leid und die gleiche Not. Niemand sprach von Schuld, jeder hatte die gleiche Frage, wie es wohl in der Zukunft aussieht für unsere kranken Angehörigen. Durch den regelmäßigen Besuch der Gruppe konnte ich mich von meinen Schuldgefühlen befreien. Ich lernte, die von mir selbst aufgebaute Isolation zu durchbrechen, wieder mit Menschen zu reden. Ich lernte, in der ruhiger verlaufenden Phase der Krankheit Kraft zu holen für die akute Zeit. In der Gruppe habe ich gelernt, mit immer wieder neu auftretenden Schwierigkeiten umzugehen und am Beispiel der anderen eine Lösung zu finden.

Seit nunmehr elf Jahren besuche ich jeden zweiten Dienstag die Gruppe der Angehörigen im Bezirkskrankenhaus Regensburg; versäumt habe ich sie nur, wenn ich krank oder auf Kur war oder wenn mein Auto streikte. Die Angehörigengruppe wurde mir eine notwendige und lieb gewordene Pflicht.

Erna Pernpeintner

Alleine hätte ich das niemals durchgestanden

Es begann im Juli 1986. Unser Sohn, damals 21 Jahre alt, hatte seine Lehre abgeschlossen und absolvierte nun den Wehrdienst. An den Wochenenden kam er immer nach Hause und verbrachte die Abende mit seinem älteren Bruder in der Stadt.

An einem Samstag kehrte er schon sehr früh von seinem Discobesuch zurück und redete auf uns ein, ungewöhnlich viel und schnell, obwohl er sonst eher wortkarg war. Er sprach von Fähigkeiten und Kräften, mit denen er andere beeinflussen könne. So glaubte er z.B., er könne Pferderennen zu seinen Gunsten manipulieren, und er war überzeugt, dass er die ganze Welt regieren könne, sobald er den »Siebten Schlüssel« gefunden habe. Wir Eltern nahmen das Gerede nicht so ernst, taten es als Spinnerei ab, ja, wir lachten sogar darüber.

Eine Woche später kam aus Hamburg die Nachricht, dass unser Sohn dort in eine psychiatrische Klinik eingeliefert worden war. Für uns brach eine Welt zusammen! Nun begannen die quälenden Fragen: Warum? Warum? Warum gerade wir? Wie konnte es dazu kommen?

Nach einem Besuch in Hamburg fassten wir wieder Mut. Der Arzt hatte uns erklärt, unser Sohn könne mit der Hilfe von Medikamenten ein ganz normales Leben führen. Aber er war nicht krankheitseinsichtig. Von Monat zu Monat lehnte er die Behandlung strikter ab. In seinen Augen waren wir die Kranken. Es war entsetzlich, machtlos mit ansehen zu müssen, wie es mit ihm bergab ging! Er strolchte in der Stadt herum, pflegte sich nicht mehr, nahm seltsame Gesten und Verhaltensweisen an und kam sogar wegen Ladendiebstahls mit dem Gesetz in Konflikt. Wir hatten keinerlei Einfluss mehr auf ihn, er wurde aggressiv, täglich gab es Streit.

Als er dann auszog, war ich sogar froh. Dennoch tauchte er täglich bei uns auf, räumte den Kühlschrank leer, forderte Geld und beschimpfte uns, wenn wir ihn kritisierten.

Mein Mann und ich zogen uns immer mehr zurück, mieden aus Schmerz und Scham unsere Freunde und Bekannten; wir fühlten uns in unserer Hilflosigkeit allein gelassen, haderten mit dem Schicksal. Schließlich wandte ich mich in meiner Not an das Gesundheitsamt, um eine Pflegschaft für unseren Sohn zu beantragen. Dort erfuhr ich von den Gesprächskreisen für Angehörige psychisch Kranker.

Seit Juli 1987 besuche ich nun regelmäßig »meinen« Gesprächskreis. Gleich von der ersten Stunde an fühlte ich mich erleichtert. Hier konnte ich endlich meine Sorgen »abladen« und auch weinen, erhielt Ratschläge von Menschen, die vom gleichen Schicksal betroffen sind und die z. T. schon jahrelange Erfahrungen mit Kranken hatten. Ich freue mich jedes Mal auf den Mittwoch, um über meine Probleme sprechen zu können und seelisch wieder aufgerichtet zu werden. Ich habe gelernt, dass sich nicht alles um den Kranken drehen darf, dass auch wir Eltern ein Recht auf unser eigenes Leben haben.

Ich bin sehr froh, diesen Rückhalt gefunden zu haben, denn im Oktober 1987 landete auch der ältere Sohn in der Psychiatrie. Sein Bruder befand sich damals – nach einem Selbstmordversuch – ebenfalls wieder in stationärer Behandlung. In dieser schrecklichen Zeit hat mich die Gruppe aufgefangen und bestärkt, eine vierwöchige Sonderkur für Angehörige psychisch Kranker zu machen.

Gesprächskreis und Kur haben mich sehr verändert. Allein hätte ich das alles niemals durchgestanden. Heute trete ich den Problemen offener gegenüber und kann jetzt besser darüber reden. Ich nehme alles gefasster, gelassener hin und sage mir immer wieder: So ist es, wir können es nicht ändern, also müssen wir damit leben lernen.

Waltraud Beer

Die Angehörigengruppe – Ein Leitfaden für Moderatoren
© Psychiatrie-Verlag, Bonn 2000

Begleitende Angebote

*Bertram Sellner** *

Informationsabende

In der Angehörigengruppe wurden immer wieder konkrete Fachfragen an uns Gruppenleiter gestellt. Hierzu gehören besonders folgende Themen:

- Schizophrenic – was ist das?
- Wirkungsweise von Neuroleptika
- Rehabilitation von Patienten mit schizophrener Erkrankung
- Depression – wie entsteht sie?
- Juristische Grundlagen in der Psychiatrie

Wir versuchten anfangs, diese Themen nur kurz anzusprechen, und verwiesen an die behandelnden Ärzte. Die Erfahrung zeigte jedoch, dass es sehr wichtig ist, diese Themen in separaten Informationsabenden mit den Angehörigen zu diskutieren. Deshalb wurden je nach Thematik für diese Veranstaltungen (»Angehörigenworkshops«) Fachreferenten gewonnen, die sich nach ihren Referaten den Fragen der Angehörigen stellten.

Fachreferenten für Fachfragen

Beispiel Plakat

Informationsabend

für Angehörige und Bekannte psychisch kanker Menschen

Angehörigenworkshop

Thema: Schizophrenie – Was ist das?

– anschließend Diskussion –

Referent:	Priv. Doz. Dr med. habil. H. E. Klein Direktor der Klinik
Wann:	Dienstag, den 28.Juli, um 18.00 Uhr
Wo:	Bezirkskrankenhaus Regensburg Universitätsstr 84 Großer Konferenzraum
Veranstalter:	Angehörigengruppe BKH Regensburg Telefon 0941/941-337

---

*) Unter Verwendung von H. Deger-Erlenmaier/K. Walter/E. Titze: Die Angehörigengruppe. Aus:
    Jetzt will ich's wissen. Rat und Hilfe für Angehörige psychisch Kranker. Siehe Literaturempfehlungen.

Gegenseitiger Erfahrungsaustausch

Der Kreis möglicher Expertengäste für Informationsabende ist groß. Eingeladen werden können z.B.:

- Mitarbeiter der örtlichen Klinik, in deren Einzugsbereich die Gruppe angesiedelt ist;
- niedergelassene Allgemeinärzte, Nervenärzte und Psychologen;
- Mitarbeiter aus Wohnprojekten und Arbeitsstätten für psychisch Kranke;
- Mitarbeiter des Sozialpsychiatrischen Dienstes, des psychosozialen bzw. berufsbegleitenden Dienstes, des Notfalldienstes (falls vorhanden);

Medienarbeit

- Mitarbeiter von Ämtern und Behörden, also des Gesundheitsamtes, des Sozialamtes, des Arbeitsamtes, des Ordnungsamtes, der Polizei, der Betreuungsbehörde;
- Amtsträger aus Politik und Verwaltung, d.h. aus Gemeinderat, Landtag, Behindertenreferat;
- Mitarbeiter der großen Kostenträger, also der Krankenkassen, Rentenversicherungen, Landeswohlfahrtsverbände (Hauptfürsorgestellen);
- Notare, Rechtsanwälte, Vormundschaftsrichter;
- erfahrene Betroffene (Angehörige, Psychose-Erfahrene).

Solche Informationsveranstaltungen sind keine Einbahnstraße. Vielmehr bieten sie Gelegenheit zum gegenseitigen Kennenlernen. Der Experte erlebt die Probleme aus der Sicht der Angehörigen; auch er will lernen. Das bedeutet auch, dass er nicht selbstverständlich die Gesprächsführung in der Diskussion übernimmt. Diese Aufgabe sollte der Moderator oder jemand aus der Gruppe übernehmen.

Im günstigsten Fall entstehen auf diese Weise Kontakte, aus denen gegenseitige Einladungen zu Veranstaltungen folgen oder eine Mitwirkung der Angehörigen in Arbeitskreisen der örtlichen Versorgung und Versorgungsplanung.

Damit die Informationsveranstaltungen möglichst viele Angehörige erreichen, d.h. auch die »nicht gruppenwilligen«, ist eine gute Medienarbeit wichtig. Wir kündigen unsere »Workshops« durch Plakate und Rundfunkdurchsagen der örtlichen Radiosender an. Die Besucherfrequenz ist nach wie vor erfreulich hoch.

Beispiel Plakat

Angehörigengruppe für psychisch kranke ältere Menschen

☞ Die Pflege und Betreuung von älteren Angehörigen fordert viel körperliche und geistige Energie.

☞ Ein Gespräch mit anderen Menschen. die sich in einer ähnlichen Situation befinden, lässt oft manches leichter erscheinen.

☞ Aus diesem Grund bieten wir Ihnen als Angehörigen eines alten, pflegebedürftig gewordenen Menschen eine Gesprächsgruppe an.

Wann: Jeden ersten Donnerstag im Monat um 18.00 Uhr bis ca. 19.30

Wo: In den Räumen der zentralen Aufnahme des Bezirkskrankenhauses Regensburg

Wir freuen uns auf Ihren Besuch

Die Angehörigengruppe – Ein Leitfaden für Moderatoren
© Psychiatrie-Verlag, Bonn 2000

Gerontopsychiatrische Angehörigengruppe

In unseren psychogeriatrischen Aufnahmestationen wird die Familie am weiteren Schicksal des alten Menschen durch eine Angehörigengruppe beteiligt. Hier leitet das Pflegepersonal eigenständig die Gruppe. Sie arbeitet zumeist patientenzentriert, d.h. die Krankenschwestern und -pfleger vermitteln den Angehörigen Hilfen beim Umgang mit den dementen Patienten.

Hilfen im Umgang mit altersverwirrten Menschen

Beispiel Einladung

Einladung *zum* *Gartenfest!!*

Am Donnerstag, den 6. September, um 18.00 h
Treffpunkt im Raum der »Angehörigengruppe«

Für das leibliche Wohl ist gesorgt.
Gute Laune ist unbedingt mitzubringen!

Um einen möglichst genauen Überblick in Bezug auf die Besucherzahl zu erhalten, bitten wir Sie, uns Ihre Teilnahme mitzuteilen:
Telefonisch (-220) oder schriftlich (s.u.)

Auf Ihr Erscheinen freuen wir uns alle.

Ja, ich werde mit . . . Personen kommen

Name: . . . .

Angehörigentage im Langzeitbereich

Die Angehörigentage haben den Effekt, dass auch solche Verwandte, die sich schon über viele Jahre oder Jahrzehnte nicht mehr um ihre Patienten gekümmert haben, wieder auftauchen. Die Angehörigentage werden in unserem Krankenhaus vorwiegend von Langzeitstationen ausgerichtet. Gartenfeste, Weihnachtsfeiern können ein Anlass sein. Der organisatorische Ablauf sieht meist folgendermaßen aus:

Aktivierung von Angehörigen der Langzeitpatienten

- Die Angehörigen werden persönlich und schriftlich eingeladen. Sie lernen die Mitarbeiter »ihrer« Station und die Behandlungseinrichtungen kennen, z.B. die Arbeitstherapie, und sie bekommen Informationen zur Krankheit und Behandlung ihrer Patienten durch Kurzreferate der Stationsschwester oder des Stationsarztes.
- Die Angehörigen können Fragen und Probleme mit den Mitarbeitern der Station besprechen, ohne dass die Patienten anwesend sind.
- Im Speisesaal der Station treffen sich dann die Angehörigen bei Kaffe und Kuchen mit ihren Patienten und haben Gelegenheit, in einer offenen Atmosphäre mit ihnen, den Mitarbeitern und den Angehörigen von Zimmernachbarn zusammenzusitzen und sich zu besprechen.

Die Angehörigengruppe – Ein Leitfaden für Moderatoren
© Psychiatrie-Verlag, Bonn 2000

Das Psychoseseminar

Gleichberechtigter Erfahrungsaustausch

Zur Horizonterweiterung aller beteiligten und betroffenen Gruppen trägt das Angebot eines Psychose-Seminars oder -forums bei. Es versteht Patienten und Angehörige als Fachleute in eigener Sache und ermöglicht so eine gleichberechtigte Begegnung zwischen Psychose-Erfahrenen, Angehörigen, professionellen und ehrenamtlichen Helfern, mancherorts darüber hinaus auch »nur« interessierten Mitbürgern.

Ein bunter Garten*

»Das lateinische Wort ›Seminar‹ kommt von semen = Samen und heißt auf deutsch ›Pflanzstätte‹. Dieses Bild trifft auf besondere Weise auf die am Psychoseseminar beteiligten drei oder – wo Bürgerhelfer und -helferinnen beteiligt sind wie etwa in Süddeutschland – auf diese vier Gruppen zu.

Die Fachleute bieten in der Regel die ›Stätte‹, die Räume in den Universitäten oder in den Hochschulen, Volkshochschulen, Gemeindehäusern, Sozialpsychiatrischen Kontaktstellen und Krankenkassen an.

Die Moderatoren und Moderatorinnen betätigen sich in diesem Bild vielleicht am ehesten als ökologische Gärtner, denn es gibt im Psychoseseminar keine auszumerzenden Unkräuter, sondern nur anerkannte Wildkräuter – etwa in Form von Erlebnissen der Psychoseerfahrenen.

Die Angehörigen stehen mehr für das nährende Gemüse. Wenn sie auch zuweilen ihre Not mit den Wildkräutern haben, so akzeptieren sie sie doch mit Achtung und Respekt, wie übrigens alle Gruppen untereinander.

Dieser farbige und in den besten Seminarzeiten vielfältig blühende Garten auf dem Boden der Psychiatrie ist etwas absolut Neues, denn in der Regel gilt in den Psychiatrien nur die schnurgerade Norm, die allen Wildwuchs rigoros – auch gegen den Willen der Betroffenen – beschneidet.

Die Phantasie, die nicht auf dem Boden der geltenden Wirklichkeit grünt und blüht, wird nur allzu oft mit der Unkrautvernichtungs-Spritze ausgerottet.«

---

*) *Dorothea Buck, Ein bunter Garten, in: Thomas Bock, Dorothea Buck, Ingeborg Esterer: Es ist normal verschieden zu sein, S. 16. Siehe Literaturempfehlungen.*

Einladung

4. Psychose-Seminar Mettmann

Einander zuhören – miteinander sprechen – voneinander lernen

Im Psychose-Seminar treffen sich Psychose-Erfahrene, Angehörige und Freunde psychisch Kranker und in der Psychiatrie Tätige zum Erfahrungsaustausch mit dem gemeinsamen Ziel, ihr Wissen zu erweitern, ihr Bild von Psychosen zu vervollständigen und größeres Verständnis füreinander zu entwickeln. Das Psychose-Seminar ist keine Therapie. Die sechs Seminare finden im Rahmen der Angebote der VHS Mettmann/Wülfrath kostenlos jeweils

> **MONTAGS** *von* **17.45 Uhr –19.45 Uhr**.

an den folgenden Terminen statt
13. Januar 1997
27. Januar 1997
03. Februar 1997
17. Februar 1997
03. März 1997
17. März 1997

<u>Veranstaltungsort </u>ist der Konferenzraum der Stadthalle Mettmann, (Neandertalhalle in der Gottfried Wetzel-Straße 7. Eingang zur Bibliothek). Über weitere Einzelheiten (geplante Themen, Teilnahmebedingungen, Fahrgemeinschaften, Buslinien, Parken etc.) geben wir Ihnen gerne Auskunft und freuen uns auf Ihre Teilnahme

H. Jaeger
Psychiatrische Pflege der Diakoniestation
Düsseldorferstr. 12
40822 Mettmann
Tel: 02104/76031

Dr. G. Sträter
Sozialpsychiatrischer Dienst Mettmann
Düsseldorferstr. 47
40822 Mettmann
Tel: 02104/99-2311

Einladung
zum Psychose-Forum
in der Volkshochschule

Das Psychose-Forum ist ein Angebot zum Erfahrungsaustausch über die Entstehung und das Erleben von Psychosen aus verschiedenen Blickwinkeln – von den Betroffenen selber über deren Angehörige bis hin zu Psychiatern und anderen professionellen Helfern. Ziel der Veranstaltungsreihe ist: mehr Verständnis füreinander, weniger Angst und Misstrauen im Umgang miteinander – sowohl im Alltag wie in einer möglichen akuten Krise.

Mit dem Versuch, die Sprachlosigkeit zu überwinden, will das Psychose-Forum auch dazu beitragen, Vorurteile gegenüber psychisch kranken Menschen in der Öffentlichkeit abzubauen. Es ist deshalb ganz bewusst offen auch für alle interessierten Mitbürger und Mitbürgerinnen, die bislang keinen direkten Kontakt mit der Psychiatrie hatten.

Das Psychose-Forum beginnt am
Donnerstag, 26. September, 16.00 Uhr im VHS-Studienhaus am Neumarkt, Raum 504,
und wird vierzehntäglich, jeweils donnerstags von 16.00 bis 18.00 Uhr fortgesetzt (also am 10. und 24. Oktober, 7. und 21. November sowie am 5. Dezember 1996).
Eine vorherige Anmeldung ist nicht erforderlich; Gebühren werden nicht erhoben.

Die Gesprächs- und Diskussionsthemen sollen zu Beginn des ersten Treffens am 26. September gemeinsam festgelegt werden. Zunächst einmal geht es darum, zwanglos, gleichberechtigt und offen miteinander ins Gespräch zu kommen.

Moderation: Susanne Heim, Eva Dorgeloh, Heidelore Stankowski

Volkshochschule Köln

Stadt

Schritte zur Eigenständigkeit

Bertram Sellner

Angehörige werden selbst aktiv

Von Anfang an war unser Fernziel, dass sich die Angehörigengruppe nach einer gewissen Zeit als selbstständige Gruppe (Selbsthilfegruppe) versteht. Als wir unsere Gruppenmitglieder mit diesem Vorschlag konfrontierten, reagierten sie sehr skeptisch, da sie sich die regelmäßigen Treffen ohne uns »Profis« und Gruppenleiter schwer vorstellen konnten.

Dennoch entwickelte und entwickelt sich immer mehr Selbsthilfepotenzial. So wurden z.B. von den Angehörigen selbstständig verschiedene Veranstaltungen organisiert, wie Gartenfeste, Weihnachtsfeiern oder Besichtigungen psychiatrischer Einrichtungen (siehe Beispiel Einladung). Zur Zeit sind die Mitglieder der Angehörigengruppen dabei, einen Verein zu gründen, um so ihre Anliegen und Forderungen in der Öffentlichkeit auch politisch besser vertreten zu können.

Organisation von Veranstaltungen und Festen; Vereinsgründung

Beispiel Einladung

Einladung

Zur Ausflugsfahrt
in das Berufsbildungswerk (BBW) Abensberg

Liebe Angehörige,
zu unserer Ausflugsfahrt am Mittwoch, den 14. November 1990 nach Abensberg in das Berufsbildungswerk St. Fanziskus, möchten wir Sie herzlichst einladen.
Das BBW Abensberg, das schwerpunktmäßig für Lernbehinderte konzipiert ist, beschäftigt sich seit mehreren Jahren auch zunehmend mit der Rehabilitation von psychisch kranken Menschen. Es verfügt ihm Rahmen der Arbeitserprobung und Berufsfindung über ein breites Spektrum von Angeboten, die in ihren Anforderungen entsprechend der Belastbarkeit der psychischen Behinderung gestaffelt werden können. Ausbildungen können in 24 verschiedenen Berufen erfolgen.
In der Angehörigengruppe wird immer wieder die Frage nach den Möglichkeiten der beruflichen Rehabilitation in unserer Region angesprochen. Unser Besuch im BBW Abensberg wird ein Baustein dafür sein, einen Überblick darüber zu erhalten, welche Angebote bestehen und welche wichtigen rehabilitativen Möglichkeiten fehlen.
Abfahrt ist um 13.00 Uhr an der Pforte des Bezirkskrankenhauses.
Die Besichtigung des BBW Abensberg dauert ca. 2-3 Stunden. Anschließend kehren wir in die Gaststätte Jungbräu in Abensberg ein und lassen den Tag langsam ausklingen.
Wir würden uns sehr freuen, wenn Sie recht zahlreich teilnehmen würden, selbstverständlich sind auch Freunde und Bekannte recht herzlich eingeladen.

Mit freundlichen Grüßen

PS: Fahrpreis pro Person ca. 10,00 DM, je nach Beteiligung

Förderung von Selbsthilfegruppen

Finanz- und Sachmittel

Wenn Gruppen sich selbstständig machen, insbesondere wenn sie sich durch Öffentlichkeitsarbeit auch als Lobby engagieren wollen, brauchen sie finanzielle Unterstützung. Mögliche, unterschiedlich ergiebige Quellen sind:

- Krankenkassen (Selbsthilfeförderung durch Geld oder Sachspenden);
- »Selbsthilfetopf« der Stadt;
- Landschaftsverbände, Landeswohlfahrtsverbände, überörtliche Sozialhilfeträger;
- Selbsthilfekontaktstellen (Know-how, organisatorische Hilfen);
- Bußgeldfonds (Gerichte, Finanzamt);
- Stiftungen;
- Sponsoren (Sach- und Geldspenden bei Betrieben einwerben).

Gruppenräume

Jede Gruppe braucht einen Ort, wo sie sich regelmäßig treffen kann, gelegentlich auch einen (größeren) Raum für öffentliche Veranstaltungen. Geeignete Räumlichkeiten (vgl. auch Checkliste S. 8/4.) lassen sich in vielen Institutionen finden. Sie können von Selbsthilfegruppen in der Regel gegen eine geringe Gebühr oder sogar kostenlos genutzt werden. Fragen Sie bei

- öffentlichen Einrichtungen
  (Gesundheitsamt, Sozialpsychiatrischer Dienst, Kontakt- und Beratungsstellen, Bürgerzentren, Gemeindezentren der Kirchen, Volksschule);
- befreundeten Vereinen;
- Kontakt und Informationsstellen für Selbsthilfegruppen (KISS/SEKIS);
- Krankenkassen;
- Kliniken.

Von der Gruppe zum Verein

Erna Pernpeintner

Lobbyarbeit

Die Angehörigengruppe ist ein wichtiger Bestandteil meines Lebens geworden. Nach einigen Jahren wurde uns, die wir regelmäßig die Gruppe besuchten, aber deutlich: So wichtig es ist, für uns selbst etwas zu tun, so gerne wollten wir auch einen Beitrag zur Verbesserung der Lebenssituation unserer psychisch kranken Angehörigen leisten. Gerade die Erfahrung der Arbeitslosigkeit unserer erkrankten Familienmitglieder und der auch heute immer noch weit verbreiteten Diskriminierung psychisch kranker Menschen waren Anstöße, uns als Lobby für den Abbau von Vorurteilen und die Integration in die Gesellschaft stark zu machen.

Was tut man nun in einer demokratischen Gesellschaft, in der vielfältige Gruppen ihre Interessen durchsetzen wollen? Man gründet einen Verein. Wir informierten uns zunächst beim »Landesverband der Angehörigen psychisch Kranker Bayern e. V.«, von dem wir einen Satzungsentwurf für einen örtlichen Angehörigenverein erhielten. Daneben machten wir uns auch bei anderen, schon bestehenden Vereinen kundig. Die Notwendigkeit der Vereinsgründung war eigentlich unter uns nie umstritten. Von August bis Oktober beschäftigten uns die Vorbereitungen und die Überarbeitung des Satzungsentwurfs, bis schließlich die Gründungsveranstaltung stattfinden konnte. 31 Gründungsmitglieder konnten wir für unsere Ziele gewinnen.

Vereinssatzung

Seit 1991 mischt sich der »Verein der Angehörigen psychisch Kranker Regensburg e. V. « in die psychosoziale Szene in Regensburg ein und macht immer wieder auf die Defizite in der Versorgung, Betreuung und Behandlung psychisch Kranker und ihrer Angehörigen aufmerksam.

Im Unterschied zu den meisten Angehörigeninitiativen und -vereinen in Deutschland bietet unser Verein selbst keine Angehörigengruppe an. Wir Vereinsmitglieder besuchen nach wie vor die am Bezirkskrankenhaus oder vom Sozialpsychiatrischen Dienst angebotenen Angehörigengruppen. Diese Arbeitsteilung hat sich aus unserer Sicht durchaus bewährt. So können wir unsere Kräfte bündeln, um unsere Interessen zu vertreten, indem wir die Wächter- und Lobbyfunktion übernehmen. Gleichzeitig bleibt uns der enge persönliche Kontakt mit den Profis erhalten.

Arbeitsteilung

*Beispiel
Vereinsbroschüre*

Verein der Angehörigen psychisch Kranker Regensburg e.V.

Grüß Gott, liebe Angehörige!

Der Verein ApK Regensburg wurde am 22.10.91 gegründet. Er ging hervor aus den seit 1985 bestehenden Gesprächsgruppen für Angehörige am BKH Regensburg.

31 Gründungsmitglieder schlossen sich damals zum Verein zusammen. Sie waren zu der Einsicht gelangt, daß es ihnen zwar sehr hilft, in der Gruppe über ihre Sorgen zu reden und Erfahrungen auszutauschen, es darüber hinaus aber wichtig und notwendig ist, Probleme und Belastungen der Angehörigen an die Öffentlichkeit zu bringen.

Nur in einem mitgliederstarken und aktiven Angehörigenzusammenschluss werden wir Gehör finden und Einfluss nehmen können.

Für jeden Vorschlag und jede Idee sind wir dankbar. Am meisten freuen würden wir uns über eine aktive Mitarbeit.

Mit freundlichen Grüßen

Mathilde Tann
Vorsitzende

46

Der Verein der Angehörigen

psychisch Kranker will erreichen

- dass sich die Angehörigen psychisch Kranker nicht mehr verstecken, dass sie sich ihrer eigenen Leistungen bewusst werden,

- dass sie sich als Partner in der Versorgung ihrer kranken Familienmitglieder fühlen,

- dass sie es wagen und sich selbst zutrauen, ihre eigenen Anliegen und die ihrer Kranken in der Öffentlichkeit zu vertreten.

Er arbeitet darauf hin, dass psychische Krankheit nicht länger unbekannt und darum unheimlich ist: bei uns, bei unseren Nachbarn, in der Gesellschaft, bei den Politikern.

Er setzt sich dafür ein, dass seelisch kranke Menschen unter uns sein können. Denn wenn sie abwesend sind, wenn sie ausgegrenzt werden, können sich Denken und Handeln ihnen gegenüber nicht verändern.

Abbau von Vorurteilen und irrationalen Ängsten, offene Begegnung und Toleranz sind notwendig, um ihnen die Grundbedürfhisse aller Bürger leichter zu ermöglichen: Gesundheitsfürsorge, Wohnung, Arbeit, Freizeitgestaltung und soziale Teilhabe am Leben der Gesellschaft.

Unsere Familienmitglieder, Freunde und Bekannte sollen mit der Krankheit gleichberechtigte Bürger sein.

Dann geht es auch uns Angehörigen gut!

Ziele und Aufgaben des Verein sind in einer Satzung niedergeschrieben. Mitglieder können Angehörige von psychisch Kranken und psychisch Behinderten werden. Sie gelten als Ordentliche Mitglieder.

Weiterhin natürliche und juristische Personen, die den Zweck und die Ziele des Verbandes bejahen und ihn in seiner Arbeit unterstützen wollen. Sie gelten als Fördernde Mitglieder.

Ordentliche und Fördernde Mitglieder zahlen einen Gesamtbetrag von 70,00 DM im Jahr. Sie erwerben damit zugleich die Mitgliedschaft im Landesverband Bayern und im Bundesverband der Angehörigen psychisch Kranker. Beitrag und Spenden sind steuerlich absetzbar.

Wir packen es an!

Bitte unterstützen Sie uns dabei. Sie können das tun: Durch Anregung und Ideen. Durch Werbung von neuen Mitgliedern, auch Fördermitgliedern. Denn je größer der Verein, desto größer der sozialpolitische Einfluss.

Kontaktadressen:

Frau Mathilde Tann
Am Hohen Ranken 14
93161 Sinzig

Frau Erna Pernpeintner
Dahlienstr. 9
93309 Kehlheim

Vereinsunabhängige Angehörigentreffen finden jeden Dienstag um 18.00 Uhr im Bezirkskrankenhaus Regensburg, Ambulanz statt; alle 14 Tage, Dienstag 18.00 Uhr, im Sozialpsychiatrischen Dienst Regensburg, Prüfeningerstr. 53.

Brückenbau zu psychisch Kranken ist oft ganz leicht

Verein „Rat und Tat" bringt konstruktive Vorschläge für bessere Psychiatrie

Von Ralf Rohrmoser-von Glasow

Ensen - Manche Wünsche sind sehr einfach zu erfüllen. Adelheid Langes, 1. Vorsitzende des Vereins „Rat und Tat", demonstrierte das bei einer Veranstaltung im Café am Brunnen im Alexianer-Krankenhaus mit ihren Vorstellungen zur Zukunft der Psychiatrie auf eindrucksvolle Weise. Ihr 1985 gegründeter Verein bietet mittlerweile sieben Gesprächskreise für Angehörige psychisch kranker Menschen an.

Einer der Wünsche, als Experten anerkannt zu werden, scheint bereits erfüllt. Denn nach den professionellen Pflegern und den Medizinern waren die Angehörigen die dritte Gruppe, die die „BrückenbauerInnen", ein Arbeitskreis im Kirchenkreis Köln rechtsrheinisch, zu einer Gesprächsreihe einluden. Die evangelischen Krankenhausseelsorger der beiden Psychiatrien in Merheim und Porz, Dietrich Grütjen und Hartmut Schloemann, suchen gemeinsam mit engagierten Gemeindemitgliedern in ihrer Zukunftsschau Wege zur Heilung.

Vor heimischer Kulisse oblag Pfarrer Schloemann die Gesprächsleitung, eine dankbare Aufgabe angesichts des überaus sachkundigen Publikums, darunter neben mehreren Brüdern des Klosters und Pfarrer Grütjen der Chefarzt des Alexianer-Krankenhauses, Privatdozent Dr. Reinhart Clemens.

In ihrem engagierten Vortrag berichtete Adelheid Langes zunächst von dem langen Weg, den Angehörige gleichermaßen wie „Rat und Tat" in seiner Anfangszeit benötigten, um überhaupt Wünsche formulieren zu können. Wenn in einer Familie jemand psychisch erkrankt, werden häufig zuerst Vorwürfe und Seitenhiebe verteilt. In der Selbsthilfegruppe entwickelt sich dann, zuweilen nach langen, schmerzhaften Prozessen, erst die nötige Distanz, um im eigenen wie im Interesse des Betroffenen Forderungen auszudrücken. Ausführlich und mit viel Realitätssinn folgten die zahlreichen Wünsche. An erster Stelle stand die Berücksichtigung der Angehörigen im Aufnahmeverfahren, da Betroffene in Akutsituationen kaum für sich selbst einstehen können.

Mehr Einzelzimmer und gemütliche Wohnküche

Die Einbeziehung von Eltern, Kindern und anderen Verwandten zog sich wie ein roter Faden durch den Abend, sei es bei der Vor- und Nachbereitung von Urlauben, bei der Vorbereitung auf die Entlassung oder dem Zugang der Profis, die durch ihre Berufssprache meist mehr verwirren als helfen. Doch auch die Psychiatrie selbst stand in der Kritik. Mehr Einzelzimmer und grundsätzlich offene Zimmer sowie Wochenenddienste von Ärzten und Sozialarbeitern standen auf der Wunschliste. Eine warme Atmosphäre, vermittelt durch eine Wohnküche statt eines Schwesternzimmers, könne, so zeigten Erfahrungen in Bielefeld, so manch aggressive Situation schneller entschärfen als ein Wegsperren.

Die Verstärkung der ambulanten Dienste und der sozialpsychiatrischen Zentren wünschte sich nicht nur die Referentin. Die anwesenden Fachkräfte unterstützten die Forderungen, verwiesen aber auf die geplanten und durchgeführten Sparmaßnahmen. Ein breiteres Beratungsangebot verbunden mit Tagesstätten gehörte ebenso zu den wünschenswerten, aber wahrscheinlich unrealistischeren Ideen wie häufiger zu Hause aufsuchende Arbeit. Anders dagegen die Anregungen zur Veränderung der Ausbildungskonzepte für die in der Psychiatrie Tätigen. Hier vollzieht sich Schritt für Schritt ein Wechsel vom rein klinischen Denken hin zur Vorstellung eines ganzheitlichen Menschenbildes.

Ein Krisendienst für die Stadt Köln könnte so manchen Blaulicht-Einsatz mit allen negativen Folgen verhindern. Ein Besuch in der Familie kann eine sinnvollere Vorbereitung auf eine Behandlung sein. Eine Reihe von Ideen dazu gibt es, erste Gespräche sollen in naher Zukunft folgen.

Die breite Palette von Hilfsangeboten, die Adelheid Langes darlegt, traf ganz offensichtlich die Wünsche von Betroffenen. Sie berichteten von ihrer langen, oft mühsamen Suche nach geeigneten Gesprächspartnern und -foren. Diese Möglichkeiten zu schaffen, steht in der Zukunft an. Manche Wünsche sind sehr einfach zu erfüllen.

Thesen zur Arbeit mit Angehörigengruppen

Bertram Sellner

- Der Psychose-Patient ist im Wesentlichen ein verletzliches Individuum (Ciompi, Hubschmid). Mit verletzlich meinen wir: wenig autonom, eingeschränkt in sozialen Fähigkeiten und unsicher in den kognitiven Leistungen.

- Eine gefühlsbetonte, intensive und zugleich kritische Atmosphäre in der sozialen Gemeinschaft des Patienten erhöht die Wahrscheinlichkeit des Rückfalls (High-Expressed-Emotions). Umgekehrt konnte gezeigt werden, dass eine sachliche, freundliche, geduldige Atmosphäre, die etwas mehr soziale Distanz, Abgrenzung und Respektierung der Persönlichkeit zulässt, einen stabilisierenden Effekt besitzt und Rückfällen vorbeugen kann (Low-Expressed-Emotions).

- Nicht nur der Patient, auch seine Angehörigen leiden unter dessen Krankheit. Auch die Angehörigen haben das Recht, dass es ihnen besser geht.

- Die Krankheit eines Familienmitgliedes mit den Symptomen Passivität, Regressionsbereitschaft, Interesse- und Antriebslosigkeit löst einen negativen Sog aus. Der Patient gerät in das Zentrum des familiären Lebens. Er wird mit kritischer, ängstlich-wacher Aufmerksamkeit beobachtet.

- Die Erkrankung eines Familienmitgliedes löst nicht selten Schuldgefühle bei den anderen Familienmitgliedern aus. In der Angehörigengruppe helfen sich die Teilnehmer gegenseitig, die Beziehung zu ihrem kranken Familienmitglied zu entlasten. Ohne dass dies programmatisch festgelegt zu sein braucht, zeigen die Gruppenmitglieder die Tendenz, ein Verhalten zu entwickeln, das den Beteiligten mehr Freiheit einräumt – und damit eine Tendenz zu den Low-Expressed-Emotions.

- Angehörige sind durch ihre gelebte Erfahrung mit der Erkrankung eines Familienmitgliedes authentisch. Ihre Erfahrungen können von anderen Betroffenen oft besser aufgenommen werden, als die Aussagen von Ärzten oder Pflegepersonal. Diese zum Teil jahrelangen Erfahrungen im Umgang mit kranken Familienmitgliedern, mit Ärzten und Kliniken sind ein wesentliches Selbsthilfepotenzial.

- Angehörige sind die wichtigste Bezugsgruppe unserer Patienten. Daraus folgt: Aufgabe der Gruppenleiter in der Angehörigengruppe ist es, den Rücken der Angehörigen zu stärken und nicht, ihnen in den Rücken zu fallen.

- Wir haben als Moderatoren eigentlich nur die Aufgabe, wie auf einer Welle mitzureiten, eventuell uns auch von der Gruppe tragen zu lassen und im Übrigen möglichst wenig steuernd einzugreifen. Wichtig bleibt, dass wir zur Verfügung stehen und auch informatorische Fragen beantworten.

- Obwohl sich die Angehörigengruppe nicht primär als Ort versteht, an dem Informationen über die Krankheit und die therapeutischen Möglichkeiten vermittelt werden, können in ihr realistische Konzepte über die psychischen Erkrankungen, ihre Ursachen sowie Möglichkeiten und Grenzen der Therapie vermittelt werden,

- Unausgesprochen bietet die Angehörigengruppe die Möglichkeit einer Zusammenarbeit zwischen den Angehörigen und den Mitgliedern des professionellen Systems, den Schwestern, Pflegern, Sozialarbeitern und Ärzten. Damit können unrealistisch überhöhte Erwartungen ebenso abgebaut werden wie die daraus erwachsenden Enttäuschungen. Auch kann einer feindseligen Rivalität zwischen dem professionellen System und den Angehörigen entgegengewirkt werden.

- Angehörigengruppen geben den Mitgliedern des professionellen Systems – Schwestern, Pflegern, Sozialarbeitern und Ärzten – die Möglichkeit, vernachlässigte und unbekannte Seiten des Patienten, seine Schwächen und Fähigkeiten kennen zu lernen.

- Für viele Angehörige besteht noch eine zu hohe Hemmschwelle, die sie daran hindert, an einer Angehörigengruppe teilzunehmen. Andererseits sind auch vielen Ärzten und dem Pflegepersonal die Möglichkeiten der Angehörigengruppen zu wenig bekannt.

- Daraus leiten sich folgende Forderungen ab:
  - Pflegepersonal und Ärzte intensiver über Angehörigenarbeit zu informieren,
  - Angehörige rechtzeitig auf die Angehörigengruppe hinzuweisen.

  Erfahrungsgemäß ist die Motivation der Angehörigen innerhalb der ersten 36 Stunden nach stationärer Aufnahme eines erkrankten Familienmitgliedes am günstigsten. Kontaktgespräche sollten, wenn möglich, bereits in dieser Zeit erfolgen.

- Die Angehörigengruppe, wie sie am Bezirkskrankenhaus Regensburg praktiziert wird, ist angehörigenzentriert. Es geht also darum, wie sich die Erkrankung eines Familienmitgliedes im Erleben der Angehörigen spiegelt und welche Bewältigungsstrategien von diesen entwickelt werden.

- Eine Entwicklungsrichtung der Angehörigenarbeit ist die Umwandlung der expertengelenkten Gruppen in Selbsthilfegruppen. Hier eröffnet sich die Möglichkeit, aufgrund der Solidarität der Betroffenen die gemeinsamen Interessen auch politisch besser durchsetzen zu können.

- Nach meiner Überzeugung ist die Angehörigenarbeit ein Tätigkeitsfeld, das noch weitaus mehr Interesse und Engagement aller Beteiligten verdient. Ein entscheidender Faktor für Profis ist der Supervisionscharakter der Gruppe. Diese Hilfe, die die Angehörigen dem Gruppenleiter vermitteln, lässt ein viel differenzierteres Umgehen mit dem Patienten und dessen Erkrankung zu.

- Ein weitgefächertes Angebot an die Angehörigen macht eine Klinik oder andere psychiatrische Institutionen transparent, baut gegenseitige Vorurteile ab und stellt damit einen wichtigen Beitrag zur Qualitätssicherung dar.

Literaturempfehlungen

Autobiographien und Erfahrungsberichte

von Angehörigen

Anstadt, Sera: Alle meine Freunde sind verrückt
Aus dem Leben eines schizophrenen Jungen. Bericht einer Mutter
Piper Verlag, München 1992, 157 Seiten, 15,80 DM. ISBN 3-49211-559-4

Die Amsterdamer Schriftstellerin und Therapeutin beschreibt unprätentiös und sachlich, zugleich aber sehr einfühlsam und lebensnah die befremdliche Verwandlung ihres bis dahin aufgeweckten Sohnes: Im Alter von 15 Jahren beginnt Raf, sensibel und begabt, allmählich, fast unmerklich, aber unaufhaltbar ein anderer zu werden. Eine 15 Jahre dauernde Odyssee durch das Netz der psychiatrischen Hilfeangebote nimmt ihren Lauf – ein leidvoller Weg auch für die Mutter. Ein sehr lesenswertes Buch für Angehörige, das auch zur Pflichtlektüre der professionellen Helfer gehören sollte.

Hattebier, Edda: Reifeprüfung
Eine Familie lebt mit psychischer Erkrankung
Psychiatrie Verlag, Bonn 1999, 192 Seiten, 24,80 DM. ISBN 3-88414-230-5

Dies ist die wahre Geschichte der Familie Arnold, einer zunächst »ganz normalen« Familie. Sohn Konrad, 1951 geboren, beginnt im Alter von 16 Jahren, sich zunehmend »aufsässig« zu verhalten. Als die Situation eskaliert und die bislang so geordnete Welt aus den Fugen gerät, beginnt für Konrad und seine Eltern eine endlose Odyssee durch die Psychiatrie – die zur Reifeprüfung wird. Auf den Irrwegen zwischen Hoffnung und Verzweiflung lernen die Eltern allmählich die Erkrankung ihres einzigen Sohnes als Bestandteil ihres Lebens zu akzeptieren, ohne sich davon vereinnahmen und niederdrücken zu lassen. »Ich sah nicht mehr das große Ganze, den Blick stetig darauf gerichtet, was die Zukunft bringen sollte«, resümiert Hanni Arnold, » – ich lernte mich an kleinen Dingen zu erfreuen, kleine Gesten und Begebenheiten viel bewusster wahrzunehmen... Mein Leben war dadurch intensiver und reichen geworden; ich hatte Erfahrungen gemacht, die ich unter normalen Umständen nicht gemacht hätte... Ich erfuhr, wie vielfältig das Leben sein konnte und wie viel ich selbst zu Wege brachte, ohne dass ich das vorher geahnt hätte.«

Deveson, Anne: Jonathan
Econ Taschenbuch Verlag, Düsseldorf 1993, 427 Seiten, 16,90 DM.
ISBN 3-61226-063-4

Mit 16 Jahren erkrankt Jonathan an Schizophrenie. Seine Mutter kämpft um sein Leben.

Klein, Grace A.: Lisa
Eine Mutter erzählt vom Leben mit ihrer schizophrenen Tochter.
Knaur Taschenbuch, München 1993, 413 Seiten, 14,90 DM. ISBN 3-42675-019-8

Beide von Müttern glänzend geschrieben, spannend, anrührend, einfühlsam, glaubwürdig, trotz aller Tragik unterhaltsam, unter die Haut gehend, authentisch, die ganze Dramatik des Lebens mit einem psychisch kranken Menschen nachzeichnend. Beide Bücher verbindet eine weitere Gemeinsamkeit: Obwohl tausende von Kilometern von Deutschland entfernt entstanden (Amerika und Australien), wird jeder deutsche Angehörige sich mit den Erfahrungen und Erlebnissen der Autorinnen voll identifizieren können. Noch nie ist wohl die »Universalität des Leidens« vor allem der Angehörigen, aber auch der psychisch Erkrankten so eindrucksvoll dargestellt worden. Kurz: Eine allen Angehörigen ans Herz zu legende Lektüre. Beide Titel eignen sich aber auch hervorragend als Information für Freunde, Bekannte, Verwandte über die »andere Seite der Schizophrenie«, eine Information über all das, worüber zu sprechen den Angehörigen schwer fällt. Für professionell Tätige eine Pflichtlektüre.

Susanna Kaysen: Seelensprung

Ein Leben in zwei Welten
btb Taschenbuch, Goldmann, München 1999, 2. Auflage, 224 Seiten, 12,00 DM.
ISBN 3-442-72006-0

Es sind die späten 60er Jahre, als die 18-jährige Susanna in die McLean-Klinik von Belmont/Massachusetts kommt und dort zwei Jahre verbringt. Zunächst wird eine depressiv-neurotische Reaktion diagnostiziert, dann eine Schizophrenie erwogen, schließlich eine Charakterstörung vermutet und als »Borderline”-Persönlichkeitsstörung festgeschrieben. Erst 25 Jahre später hat Susanna Kaysen ihre Erlebnisse literarisch verarbeitet. Aber auch nach so vielen Jahren spürt sie noch, wie der Wahnsinn sich anfühlt, den sie an sich und ihren Mitpatientinnen erlebt hat. Vieles schildern Psychiatrie-Erfahrene heute ähnlich, doch selten so verdichtet wie in diesem Buch.

von psychisch erkrankten Menschen

Zerchin, Sophie: Auf der Spur des Morgensterns

Psychose als Selbstfindung
Econ & List Taschenbuchverlag, München 1999, 3. Auflage, 253 Seiten, 16,90 DM, ISBN 3-612-26593-8

»Die Psychiater machen sich wohl gar nicht klar, wie viel Entfremdung sie auch in die Familien tragen. Wenn das Erleben des Patienten als ‚sinnlos’ entwertet wird – wie soll da nicht der Kontakt zu den nächsten Angehörigen beschädigt werden?« Sophie Zerchin alias Dorothea Buck plädiert für eine andere, positive Bewertung psychischer Krankheiten, für eine Psychiatrie, die sich auf die Patienten einlässt und gemeinsam mit ihnen den Sinn ihrer Psychose-Inhalte erarbeitet – um sie zu verstehen und zu integrieren, statt sie medikamentös zu verdrängen und abzuspalten. Anhand ihrer eigenen Lebensgeschichte zeigt Dorothea Buck, dass eine psychische Erkrankung auch als »Entwicklungshilfe« und Bereicherung erlebt werden kann.

Sechehaye, Marguerite: Tagebuch einer Schizophrenen

Selbstbeobachtungen einer Schizophrenen
während der psychotherapeutischen Behandlung.
Edition Suhrkamp 613, Frankfurt/Main 1973, 12. Auflage 1994, 153 Seiten, 12,80 DM. ISBN 3-518-10613-9

In ihrem Tagebuch zeichnet die schizophrene Renée rückblickend Etappen ihrer Krankheit nach: Vom Ausbruch der Krankheit, den ersten Anzeichen der von ihr erlebten »Irrealität« über die völlige Auflösung des »Ichs« zu den ersten Schritten ihrer Genesung. Im zweiten Teil des Taschenbuches bekommt der Leser durch M. Sechehaye – der Analytikerin von Renée – Einblick in die psychotherapeutische Behandlungsmethode: die Rekonstruktion des Ich durch symbolische Wunscherfüllung.

Schiller, Lori mit Bennet, Amanda: Wahnsinn im Kopf
Mein Weg durch die Hölle der Schizophrenie
Gustav Lübbe Verlag, Bergisch Gladbach, 1995, 400 Seiten, 39,80 DM
ISBN 3-7857-6775-4

Lori Schiller ist siebzehn, eine intelligente, fröhliche junge Frau aus einem behüteten Elternhaus, als die Stimmen zu ihr kommen. Die Stimmen sind brutal, zudringlich und fordernd. Lori versucht, sie zu ignorieren, aber die Stimmen ergreifen immer mehr Besitz von ihr. Die Menschen in ihrer Umgebung reagieren verstört, entsetzt und hilflos. Lori verbringt immer mehr Zeit im Krankenhaus und landet schließlich als hoffnungsloser Fall auf einer geschlossenen Langzeitstation. Dort gelingt es einer Ärztin und einer Therapeutin, Lori neues Selbstvertrauen zu geben. In Kombination mit der Einstellung auf das nicht unumstrittene Medikament Clozapin/Leponex schafft sie es schließlich, die Stimmen in Schach zu halten und ein »normales Leben« außerhalb der Klinik zu führen.

Diese Biografie setzt sich aus den nachträglichen Aufzeichnungen Loris, ihrer Eltern, Brüder, Freundinnen und Betreuerinnen zusammen. Die unterschiedlichen Perspektiven machen den besonderen Reiz dieses sehr lebendig geschriebenen Buches aus und bieten zahlreiche Möglichkeiten eigene Erfahrungen als Angehörige oder Betroffene wiederzuerkennen.

Angehörigenarbeit

Dörner, Klaus; Egetmeyer, Albrecht und Koenning, Konstanze (Hrsg.): Freispruch der Familie
Psychiatrie-Verlag, Bonn 1997, 240 Seiten, 24,80 DM, ISBN 3-88414-168-6

1982 erstmals erschienen, immer wieder neu aufgelegt und aktualisiert, hat der »Freispruch der Familie« die Angehörigenbewegung ganz wesentlich beeinflusst, sie beflügelt und ihr Dynamik verliehen. Sein Titel wurde Legende. Die Beiträge dieses Buches gehörigen zur Grundlagenliteratur der Angehörigenarbeit und -bewegung. Jeder psychiatrisch Tätige, der sich irgendwann einmal auch mit den Angehörigen beschäftigen möchte oder muss, sollte vorher den »Freispruch« zur Hand genommen haben. Und jeder Angehörige, der sich aus der Isolation auf den Weg begibt und sich von Schuld, Scham und Trauer befreien möchte, findet im »Freispruch« die notwendigen Starthilfen, Ermutigungen und Impulse. Im wörtlichen Sinne ein notwendiges Buch. Kurz: Das »Angehörigenbuch« schlechthin.

Mattejat, Fritz/Lisofsky, Beate: Nicht von schlechten Eltern
Kinder psychisch Kranker
Psychiatrie Verlag, Bonn 2000, 2.Auflage, 198 Seiten, 24,80 DM,
ISBN 3-8841-225-9

Auch Kinder sind Angehörige. Durch die psychische Erkrankung von Vater und/oder Mutter werden auch sie zutiefst verunsichert. Doch die Kinder geraten oft erst dann ins Blickfeld, wenn sie selber therapiebedürftig geworden sind oder eine Trennung von den Eltern unumgänglich scheint. Solche Zuspitzungen könnten in vielen Fällen vermieden werden, wenn den Familien rechtzeitig Unterstützung zuteil würde.

Fritz Mattejat und Beate Lisofsky haben Erfahrungen von Betroffenen, aber auch von Modellen und Initiativen zusammengetragen, die zeigen, welche Hilfen für Eltern und Kinder nötig und möglich sind.

Ratgeber und Verständnishilfen

Bock, Thomas, Weigand, Hildegard (Hrsg.): Hand-werks-buch Psychiatrie   *Hand- und Lehrbücher*
Psychiatrie-Verlag, Bonn 1998, 4. überarbeitete und ergänzte Auflage, 688 Seiten,
49,80 DM. ISBN 3-88414-120-1

Dieses Buch versucht das »Unmögliche«: Kritische Bestandsaufnahme der
Psychiatriereform, Nachschlagewerk für sozialrechtliche Grundlagen und Geset-
ze sowie die verständliche Beantwortung der Frage: Was brauchen psychisch kranke
Menschen (an Hilfen)? Alles in einem Buch. Sein »Herzstück« sind die Kapitel »Le-
bensräume«, »Innere Räume«, »Fremde Hilfen«, »Lebensphasen«, deren Beiträge
stets gleich gegliedert sind. »Ein so gut durchdachtes und aufgebautes Lehrbuch,
das dazu außerordentlich nutzerInnenfreundlich gestaltet ist, dürfte bei seinem
Umfang auf dem Fachbuchmarkt normalerweise kaum für diesen Preis zu erhalten sein.« (H. Keupp in »Soziale Psychiatrie«, März 1991).

Deger-Erlenmaier, Heinz; Titze, Elke; Walter, Karlheinz (Hrsg.):
Jetzt will ich's wissen
Rat und Hilfe für Angehörige psychisch Kranker
Psychiatrie-Verlag, Bonn 1997, 2. Auflage, 240 Seiten, 29,80 DM
ISBN 3-88414-175-9

Dieses Handbuch informiert über die häufigsten psychischen Krankheiten, beschreibt die Wirkungsmöglichkeiten von Psychopharmaka, stellt die wichtigsten psychotherapeutischen Verfahren vor, dokumentiert die Arbeit der Angehörigenbewegung, verschafft einen Überblick über das psychosoziale Versorgungssystem
und fasst erstmals die wichtigsten Stichwörter von A (wie Akteneinsicht) bis Z (wie
Zwangseinweisung) für psychisch Kranke und ihre Angehörigen zusammen. »Das
Buch bietet einen gut lesbaren, einfühlsamen, informativen Einstieg in die Thematik,
es ist uneingeschränkt empfehlenswert.« (Barbara Knab, Psychologie heute)

Dörner, Klaus und Plog, Ursula: Irren ist menschlich
Lehrbuch der Psychiatrie/Psychotherapie
Psychiatrie-Verlag, Bonn 2000, neu bearbeitete Ausgabe von 1996, 604 Seiten,
49,80 DM. ISBN 3-88414-183-X

»Irren ist menschlich« ist mehr als ein Lehrbuch der Psychiatrie und Psychotherapie. Es hat viel bewegt in der Psychiatrielandschaft und entwickelte sich zu
dem Standardwerk in Ausbildung und Praxis. Durch seine verständliche Sprache
und zahlreiche Beispiele bietet es auch Betroffenen, Angehörigen und allen psychiatrisch Interessierten umfassende Grundlageninformation über Erscheinungsfor-
men psychischer Erkrankungen sowie therapeutische Möglichkeiten. Wohl nicht zu
Unrecht ist es das meistverkaufte Werk seiner Art im deutschsprachigen Raum.

Nohl, Paul G.: Mit seelischer Krankheit leben
Hilfen für Betroffene und Mitbetroffene
Vandenhoeck & Ruprecht, Göttingen 1991, 3. Auflage, 212 Seiten, 14,80 DM,
ISBN 3-525-62327-5

Der Band ist für »psychiatrische Laien« geschrieben und wendet sich in erster
Linie an psychisch Erkrankte und »mitbetroffene« Angehörige, Freunde und Bekannte. Er gibt einen leicht verständlichen Überblick über die Vielfalt psychischer
Störungen (wobei der Schwerpunkt auf neurotischen und depressiven Störungen
liegt und schizophrene Erkrankungen weniger ausführlich dargestellt werden), Be-

handlungsmöglichkeiten und Hilfen zur Krankheitsbewältigung. Dabei enthält der Band viele Hinweise auf die Bedeutung des christlichen Glaubens als Hilfe in seelischer Krankheit.

Hunold, Petra/Rahn, Ewald:
Selbstbewusster Umgang mit psychiatrischen Diagnosen
Ein Ratgeber
Psychiatrie-Verlag, Bonn 2000,180 Seiten, 24.80 DM
ISBN 3-88414-245-3

Diagnosen sollen eine Erkrankung klar definieren und eine zielgerichtete Behandlung ermöglichen. Psychiatrische Diagnosen aber führen oft zur Verunsicherung. Sie sind häufig vieldeutig und mit Vorurteilen behaftet. Viele Betroffene fühlen sich durch die Diagnose stigmatisiert und diskriminiert. Dieser Ratgeber beleuchtet Sinn und Unsinn, Nutzen und negative Wirkungen von Diagnosen und ermutig psychisch Kranke zum selbstbewussten Umgang mit Diagnosen – und mit psychiatrisch Tätigen.

Depression

Bock, Thomas: Achterbahn der Gefühle
Leben mit Manien und Depressionen
Verlag Herder, Freiburg 1998, 160 Seiten, 28,00 DM, ISBN 3-451-26366-1

Mal »grandios gut drauf«, dann wieder »wahnsinnig niedergeschlagen«. Wie kann man mit so extremen Gefühlsschwankungen umgehen? Thomas Bock zeigt an vielen Beispielen, was konkrete Hilfe vermag und wo es gilt, die Grenzen des Helfens zu akzeptieren.

Lehmann, Andreas und Lehle, Bernd: Depressionen...
und was man dagegen tun kann
Ein Ratgeber für Betroffene und Angehörige
Lambertus Verlag, Freiburg 1993, 72 Seiten, 6,- DM. ISBN 3-7841-0696-X

Die Broschüre ist als Erstinformation und praktische Alltagshilfe für depressive Menschen und ihre Angehörigen gedacht. Anschaulich werden unterschiedliche Arten und Ausprägungen von Depressionen beschrieben und auf Möglichkeiten der Hilfe und Selbsthilfe hingewiesen.

Manfred Wolfersdorf: Krankheit Depression
– erkennen, verstehen, behandeln
Psychiatrie-Verlag, Bonn 2000, 220 Seiten, 24.80 DM, 3-88414-246-1

Die Depression ist die weitverbreitetste psychische Erkrankung in den westlichen Ländern. Das hat nichts damit zu tun, dass wir uns alle hin und wieder traurig oder niedergeschlagen fühlen. Solche Gefühle nennen wir eher fälschlich »depressiv«. Das Problem ist, das eine »echte« Depression schwer zu erkennen ist und deshalb oft viel zu spät behandelt wird.

Wolfersdorf zeigt in diesem Ratgeber, wie man die Erkrankung erkennen kann und welche Ausprägungen der Depression es gibt. Zentrales Thema ist das Verstehen der Erkrankung und die Information über Behandlungsmöglichkeiten. Anschaulich und differenziert stellt er Ursache, Verlauf und die unterschiedlichen therapeutischen Angebote vor. An zahlreichen Beispielen zeigt M. Wolfersdorf zudem, welch großen Einfluss kritische Lebensereignisse für den Ausbruch der Krankheit haben.

Arieti, Silvano: Schizophrenie – Ursachen, Verlauf, Therapie   *Schizophrenie*
Hilfen für Betroffene
Piper Verlag, München 1995, 4. Auflage, 252 Seiten, 16,90 DM,
ISBN 3-492-10713-3

Der 1981 verstorbene New Yorker Psychiater und Lehranalytiker beschreibt äußerst einfühlsam und umfassend Erscheinungsbilder, Verlaufsformen und Behandlungsmöglichkeiten der Schizophrenie. Sein besonderes Augenmerk gilt der Genesungsphase außerhalb der Klinikmauern. Er macht Mut, sich auf ein Leben mit der Schizophrenie einzulassen – ja, er regt sogar an, von ihr zu lernen! Den immer mitbetroffenen Angehörigen gibt er viele verständnisvolle und hilfreiche Hinweise für ihre Gratwanderung zwischen stützender Hilfe und behindernder (Über-)fürsorge. Arieti beschreibt amerikanische Verhältnisse. Auf Unterschiede zur deutschen Realität geht Asmus Finzen in seinem informativen Vorwort und einem ergänzenden Kapitel ein, wobei er sich ebenfalls als anteilnehmender Psychiater zu erkennen gibt.

Bäuml, Josef: Psychosen aus dem schizophrenen Formenkreis
Ein Ratgeber für Patienten und Angehörige
Springer Verlag, Berlin 1994, 1. Auflage, 136 Seiten, 24,80 DM. ISBN 5-7916-8

Hervorgegangen aus der vom Bundesministerium für Forschung und Technologie geförderten Münchener »PIP-Studie« (Psychosen-Informations-Projekt) ist dieser Ratgeber für Patienten und vor allem fürt Angehörige methodisch im Sinne eines Lernprogrammes aufgebaut. Versehen mit zahlreichen Abbildungen, Tabellen und Merksätzen, wird in Frageform das gesamte Spektrum psychotischer Krankheitsbilder aus dem schizophrenen Formenkreis und deren Behandlung aufbereitet. Die Fragen werden knapp und präzise beantwortet. So ist ein »Lehrbuch« entstanden, das vor allem Angehörigen bei der Vielzahl von Problemen und Fragen, die auf sie einstürmen, Information und Orientierung bieten kann. Ein sehr nützliches Sachverzeichnis und die Anschriften sämtlicher regionaler Angehörigenverbände im deutschsprachigen Raum runden das positive Bild ab.

Burkhardt-Neumann, Carola: Bin ich wirklich schizophren?
Die unsicheren Diagnosen der Psychiatrie und ihre Folgen für die Patienten
ZENIT Verlag, München 1999, 144 Seiten, 19,80 DM, ISBN 3-928316-13-3

Bei der Diagnose Schizophrenie gibt es mehr offene Fragen als brauchbare Antworten. Denn alles ist möglich: von der »Spontanheilung« bis zur Chronifizierung. Dieser Ratgeber will Betroffenen und ihren Angehörigen Mut machen, sich mit eilfertigen Antworten nicht zufrieden zu geben, sondern weiterzufragen und darauf zu bestehen, dass die vielfältigen Erfahrungen psychisch Kranker ernst genommen und für die Weiterentwicklung der Psychiatrie genutzt werden.

Finzen, Asmus: Schizophrenie – die Krankheit verstehen
Psychiatrie-Verlag, Bonn 2000, 4. neu bearbeitete Auflage, 180 Seiten, 29,80 DM.
ISBN 3-88414-151-1

»Wer nicht weiß, was Schizophrenie ist, dem ist viel Kummer und Leid erspart geblieben« – so beginnt das Buch, und es gibt Anstoß und Hoffnung, sich mit dieser »schillerndsten aller psychischen Störungen« auseinander zu setzen. Klar und verständlich beschreibt Finzen mit vielen Beispielen das Erleben von Kranken und beschreibt die Symptome als Zeichen der Krankheit Schizophrenie. Er spürt dem derzeitigen Wissen über Entstehungsbedingungen nach und zeigt, dass die Krankheit behandelbar ist – gut behandelbar, wenn man begreift, dass Schizophreniekranke empfindsame Menschen sind, die neben Therapie Verständnis und Toleranz benötigen. »Die Diagnose Schizophrenie ist nicht das Ende. Sie ist der Anfang. Sie ist der Beginn eines Erfahrungs- und Lernprozesses mit dem Ziel, die Krankheit zu überwinden oder so gut als möglich mit ihr zu leben.« Gerade Angehörigen kann dieses Buch helfen, den Prozess besser zu verstehen, der mit der schizophrenen Psychose so unnachsichtig in ihr Leben eingegriffen hat.

Finzen, Asmus: Psychose und Stigma
Stigmabewältigung – Zum Umgang mit Vorurteilen und Schuldzuweisungen
Psychiatrie-Verlag, Bonn 2000, erscheint im September, 210 Seiten, 24,80 DM.
Bearbeitete Neuausgabe des Titels *Der Verwaltungsrat ist schizophren (1996)*.

Schizophrenie ist nicht nur eine Krankheitsbezeichnung, das Stigma Schizophrenie beschädigt die Identität der Kranken, wird gleichsam zur zweiten Krankheit. Das hat so weitreichende Folgen, dass die Schizophreniekranken gut beraten scheinen, ihre Krankheit zu verstecken.

Damit befasst sich dieses Buch: mit Stigmatisierung, Diffamierung, Schuldzuweisung und den Folgen. Welche Auswirkungen hat Stigmatisierung auf die Kranken? Wie können sie damit umgehen? Was bedeutet sie für die Angehörigen, die sich häufig mit dem Vorwurf herumschlagen müssen, sie seien an der Krankheit ihrer Kinder schuld? Wie gehen sie damit um? Welche Auswirkungen schließlich hat die gesellschaftliche Stigmatisierung der Schizophrenie und der Schizophreniekranken auf die Psychiaterinnen und Psychiater sowie auf die Behandlung?

Der Autor vermittelt Hinweise, wie Kranke und Angehörige die Stigmatisierungsfolgen überwinden können, und er appelliert an uns alle, die Schizophrenie endlich zu begreifen wie andere schwere Krankheiten auch.

Asmus Finzen: Suizidprophylaxe bei psychischen Störungen
Prävention Behandlung und Bewältigung
Psychiatrie-Verlag, Bonn 1997, aktualisierte und erweiterte Neuausgabe,
220 Seiten, 34,OO DM, ISBN 3-88414-211-9

Auch wenn sich dieses Buch an Profis richtet, ist es für Angehörige doch sehr hilfreich, die Handlungsmöglichkeiten und -spielräume der Therapeuten kennen zu lernen. Die Lektüre des in der bewährten, verständlichen und klaren Sprache von Asmus Finzen geschriebenen Fachbuchs erweitert in jedem Fall das eigene Vermögen, Probleme und Ängste, die mit diesem heiklen Thema verbunden sind, anzusprechen und Hilfe einzufordern.

Hell, Daniel und Gestefeld, Margret: Schizophrenien
Verständnisgrundlagen und Orientierungshilfen
Springer Verlag, Berlin 1993, 2. Auflage, 190 Seiten, 24,00 DM,
ISBN 5-540-56257-5

Angeregt von den Nöten und bohrenden Fragen der Angehörigen, haben zwei Schweizer Ärzte einen Leitfaden für Betroffene geschrieben. Er informiert über das heutige Wissen über Schizophrenien und darüber, wie schizophrenes Leiden verständlicher und einfühlbarer werden kann. Die Möglichkeiten der Behandlung, der Selbst- und Fremdhilfe – für Patienten wie für Angehörige – stehen im Vordergrund. Abgesehen davon, dass die Autoren bei der Besprechung der Wiedereingliederungshilfen die Schweizer Verhältnisse im Auge hatten, ist dieser allgemein verständliche, knappe und dennoch umfangreich informierende Leitfaden gerade für Betroffene und Angehörige – aber auch für Profis – sehr empfehlenswert.

Luderer, Hans-Jürgen: Schizophrenie: Mit der Krankheit umgehen lernen
Hilfreiche Informationen für Angehörige und Betroffene
TRIAS, Georg-Thieme-Verlag, Stuttgart 1998, 143 Seiten, 24,80 DM,
ISBN 3-89373-452-X

In verständlicher Sprache und mit zahlreichen Beispielen informiert dieser Ratgeber über den gegenwärtigen Stand des Wissens über Ursachen, Verlauf und Behandlungsmöglichkeiten der Schizophrenie, ergänzt durch einen Überblick über das System der psychosozialen Versorgung. Auch einige Rechtsfragen werden kurz angesprochen. Eine übersichtlich und klar gegliederte Einstiegslektüre.

Bock, Thomas: Lichtjahre – Psychosen ohne Psychiatrie
Krankheitsverständnis und Lebensentwürfe
von Menschen mit unbehandelten Psychosen
Psychiatrie-Verlag, Bonn 1999, 2. Auflage, 376 Seiten, 39,80 DM,
ISBN 3-8841-204-6

Psychiatrische Einrichtungen erreichen nur rund die Hälfte aller psychisch erkrankten Menschen. Wie die andere Hälfte mit ihren Beeinträchtigungen lebt und – oft Lichtjahre vom psychosozialen Versorgungssystem entfernt – den Alltag bewältigt, darüber ist wenig bekannt. Thomas Bock hat auf der Suche nach solchen Menschen, beeindruckende, ja verblüffende Lebensgeschichten gefunden und dabei ganz neue Einsichten für den Umgang mit Psychosen gewonnen.

Romme, Marius/Escher, Sandra: Stimmenhören akzeptieren
Psychiatrie-Verlag, Bonn 1997, 264 Seiten, 34,00 DM, ISBN 3-88414-209-7

Behandlungsmöglichkeiten

Informationen über Behandlungsmöglichkeiten und therapeutische Verfahren sind teilweise in den Autobiographien und Publikationen enthalten, die im Abschnitte »Ratgeber und Verständnishilfen« vorgestellt wurden. Darüber hinaus gibt es eine Fülle (überwiegend Fach-)Literatur über die einzelnen therapeutischen Verfahren, von der Psychoanalyse über Gesprächs- bis hin zur Verhaltenstherapie, von der Arbeitstherapie bis zu soziotherapeutischen Verfahren (z.B. soziale Gruppenarbeit) und die Medikamentenbehandlung (Pharmakotherapie).

Psychotherapie

Stark, F.-Michael; Esterer, Ingeborg; Bremer, Fritz (Hrsg.):
Wege aus dem Wahnsinn.
Therapien bei psychischen Erkrankungen
Psychiatrie-Verlag, Bonn 1997, 2. Auflage, 230 Seiten, 24,80 DM,
ISBN 3-88414-155-4

Gibt es bei Schizophrenie »die Therapie der Wahl«? Welche Therapie ist bei welcher psychischen Erkrankung die Richtige, und wie findet man den passenden Therapeuten/die passende Therapeutin? Was kostet das, und was übernimmt die Krankenkasse? Dieser Ratgeber – besonders für Angehörige, Betroffene und interessierte Laien geschrieben – informiert knapp und präzise über die wichtigsten klassischen und alternativen Therapien und gibt Antworten auf Fragen, die in der Sprechstunde leider oft zu kurz kommen. Übersichtlich, ausgezeichnet lesbar, kurz: sehr empfehlenswert.

Psychopharmaka

Finzen, Asmus: Medikamentenbehandlung bei psychischen Störungen
Leitlinien für den psychiatrischen Alltag
Psychiatrie-Verlag, Bonn 1998, 12. bearbeitete Auflage, 326 Seiten, 34,00 DM, ISBN 3-8841-226-7
  »Das Medikament löst die Probleme des psychisch Kranken nicht. Aber richtig angewandt, kann es ihm helfen.« (Aus dem Vorwort des Autors.) Wie ein verantwortungsvoller Umgang mit Psychopharmaka aussehen kann, beschreibt Finzen in 21 – auch einzeln lesbaren – Kapiteln. Dabei stellt er sich auch der Frage: Sollen Neuroleptika verboten werden? Seine Schlussfolgerung: Nein, sie sollten überlegt und zurückhaltend eingesetzt werden – und wir sollten jenen kräftig auf die Finger klopfen, die diese Grundsätze nicht berücksichtigen. Es gilt der Leitsatz: Nicht Behandlung, sondern Verhandlung mit den Erkrankten und ihren Angehörigen. Eine fachlich kompetente, weil auf vielen Erfahrungen beruhende und dennoch verständliche Darstellung dieses komplexen Themas.

Lehmann, Peter (Hrsg.): Psychopharmaka absetzen
Erfolgreiches Absetzen von Neuroleptika, Antidepressiva,
Lithium, Carbamazepin und Tranquilizern
Antipsychiatrie-Verlag, Berlin 1998, 376 Seiten, 37,00 DM, ISBN 3-925931-12-0
  Peter Lehmann zählt zu den radikalen Neuroleptikagegnern. In seinem 1986 erschienenen Buch »Der chemische Knebel« hat er über tausend psychiatrische Forschungsberichte und Untersuchungen ausgewertet und vor allem die »verheerenden Folgen« (Nebenwirkungen) der Psychopharmaka beschrieben. Aus der Überarbeitung dieses Buches ist nun der Sammelband »Psychopharmaka absetzen« hervorgegangen: 34 AutorInnen mit unterschiedlichen Diagnosen und teilweise jahrzehntelanger Medikation schildern ihre Erfahrungen bei und mit dem Absetzen ihrer Psychopharmaka. Ergänzend dazu berichten eine Psychiaterin, Ärzte, Psychotherapeutinnen, Sozialarbeiterinnen und Heilpraktikerinnen, wie sie den Prozess begleiten und durch unterstützende Maßnahmen Absetz- und Entzugsprobleme mildern oder gar vermeiden helfen. Trotz aller Parteilichkeit kein Aufruf zum unbedachten Wegwerfen und kein Patentrezept für problemloses Absetzen der Psychopharmaka – vielmehr eine informative Entscheidungshilfe für sorgfältiges Abwägen von Chancen und Risiken.

*»Neue« Wege und Formen
in der Behandlung
und Begleitung*

Aebi, Elisabeth; Ciompi, Luc; Hansen, Hartwig (Hrsg.): Soteria im Gespräch
Über eine alternative Schizophreniebehandlung
Psychiatrie-Verlag, Bonn 1996, 3. Auflage, 188 Seiten, 29,80 DM, ISBN 3-8841-142-2
  Wer von psychischer Krankheit im eigenen Umfeld betroffen ist, ist stets auf der Suche nach effektiver Hilfe und menschlichen Behandlungsmöglichkeiten. Auf dieser Suche wird sicher irgendwann das Wort »Soteria« auftauchen. Es heißt soviel wie Geborgenheit, Sicherheit, Befreiung und ist der Name eines Projekts zur Behandlung von jungen schizophreniekranken Menschen in Bern. Das Buch stellt Geschichte und methodischen Ansatz dar und schildert sehr lebendig und persön-

lich aus der Sicht aller Beteiligten den Alltag im Projekt, Erfolge und Konflikte. Mit diesem Buch ist »Soteria im Gespräch«. Es könnte dabei helfen, dass sich die Modellidee auch hierzulande durchsetzt.

Sachse, Lilla: Heilsame Erfahrungen

Biotop Mosbach: Eine Gruppe als Wegbegleiter durch psychotische Krisen
Nachwort von Ursula Plog. Paranus-Verlag, Neumünster 1999, 168 Seiten, 19,50 DM. ISBN 3-926200-26-X

Ideen und scheinbar utopische Forderungen, in den letzten Jahren zwischen Selbsthilfebewegung und sozialpsychiatrischer Fachwelt viel diskutiert, wurden hier ganz unspektakulär verwirklicht: Ein Notfallhaus für Menschen in psychotischen Krisen, in dem vor allem »Laien« Dienst tun, Experten aus eigener Erfahrung. »Gelassenheit und Entwicklung sind Begriffe, die zur Kennzeichnung dieses Biotopes von großer Bedeutung sind«, schreibt Ursula Plog in ihrem Nachwort.« Diese Gelassenheit ist an erster Stelle Ausdruck des Mutes und der großen Sorgfalt Lilla Sachses. Man wünscht sich, dass ihr Bericht nicht nur
Staunen und Bewunderung auslöst, sondern ähnliche Initiativen anregt.«

Bock, Thomas; Deranders, J.E.; Esterer, Ingeborg: Stimmenreich

Mitteilungen über den Wahnsinn
Psychiatrie-Verlag, Bonn 2000, 6. Auflage, 230 Seiten, 24,80 DM,
ISBN 3-88414-138-4

»Stimmenreich« ist wohl das wichtigste Buch der letzten Jahre auf dem hier vorgestellten Gebiet. Es entstand aus dem Hamburger Psychoseseminar unter Beteiligung der drei »psychiatriebetroffenen« Gruppen: Psychiatrie-Erfahrene, Angehörige und Psychiatrie-MitarbeiterInnen. Der (öffentliche) Austausch der persönlichen Erfahrungen und Erklärungsversuche war bisher nicht selbstverständlich. Die in diesem Buch dokumentierten »Mitteilungen über den Wahnsinn« eröffneten den Trialog und machen Mut, ihn fortzusetzen. Sehr gut lesbar, anregend und wegweisend.

Bock, Thomas; Deranders, J.E.; Esterer, Ingeborg: Im Strom der Ideen

Stimmenreiche Mitteilungen über den Wahnsinn
Psychiatrie-Verlag, Bonn 1998, 2.Auflage , 230 Seiten, 24,80 DM,
ISBN 3-88414-157-0

Was »Stimmenreich« angestoßen hat, setzt dieses Buch mit neuen Impulsen fort. Ebenfalls wieder von allen drei Gruppen gemeinsam herausgegeben, beschäftigt es sich mit den Licht- und Schattenseiten einer Psychose, es schildert Doppelerfahrungen (z.B. selbst psychoseerfahren und Angehörige zu sein) und es dokumentiert einen Behandlungsvertrag zwischen den Beteiligten in der Psychiatrie als Modell der Zukunft. Auch unabhängig vom Vorgänger »Stimmenreich« eine ausgesprochen interessante und lohnende Lektüre.

Thomas Bock, Dorothea Buck, Ingeborg Esterer: Es ist normal verschieden zu sein

Psychose-Seminare – Hilfen zum Dialog
Psychiatrie-Verlag, Psychosoziale Arbeitshilfe 10, Bonn 2000,
2. Auflage, 70 Seiten, 24,80 DM ISBN 3-88414-206-2

Hier stellen die »Erfinder« des Psychose-Seminars die Entstehungsgeschichte und Arbeitsweise des Hamburger Seminars vor. Mit praktischen Hinweisen, wie ein Psychose-Seminar eingerichtet, durchgeführt und etabliert wird.

Geislinger, Rosa (Hrsg.): Experten in eigener Sache
Psychiatrie, Selbsthilfe und Modelle der Teilhabe
ZENIT-Verlag, München 1998, 252 Seiten, 24,80 DM, ISBN 3-928316-10-9

Psychiatrie-Erfahrene, Angehörige und professionelle Helfer berichten von ihren Erfahrungen mit Selsbthilfegruppen und anderen Formen gleichberechtigter Zusammenarbeit von Betroffenen und Profis wie Werkstätten, Teestuben oder Psychose-Seminaren. »Fazit: Für Psychiatrie-Erfahrene und Angehörige ermutigend. Für Profis ein guter Überblick.« (Soziale Psychiatrie 4/98)

Schernus, Renate: Die Kunst des Indirekten
Plädoyer gegen den Machbarkeitswahn in Psychiatrie und Gesellschaft
Paranus-Verlag, Neumünster 2000, 240 Seiten, 24,80 DM, ISBN 3-926200-43-X

Rechtliche Ratgeber

Brill, Karl-Ernst: Psychisch Kranke im Recht
Ein Wegweiser. Psychiatrie Verlag, Bonn, 1999, 2. Auflage, ca. 156 Seiten, 19,80 DM, ISBN 3-88414-213-5

Der Wegweiser gibt einen Überblick über alle wichtigen rechtlichen Regelungen, die für psychisch kranke Menschen von Bedeutung sind. Der praktische Nutzen resultiert insbesondere aus zahlreichen Mustertexten, auf die bei persönlichen Rechtsfragen zurückgegriffen werden kann.

Hillebrand, Peter: Die Rechte der Behinderten und ihrer Angehörigen
1996, 8. Auflage, 328 Seiten, 10,- DM zzgl. Versandkosten, Bezug über: Landesverband für spastisch Gelähmte und andere Körperbehinderte, Brehmstr. 5-7, 40239 Düsseldorf

Die Fibel behandelt die einzelnen Arten der Sozialhilfe und informiert anhand von Beispielen über Berechnung, Unterhaltsbeiträge und Vermögensfreibeträge. Daneben gibt sie einen Überblick über Vergünstigungen im Rahmen des Schwerbehindertenrechts. Interessant ist auch der Abschnitt über Erb- und Testamentsverträge.

Thust, Waltraud (†) und Trenk-Hinterberger, Peter: Die Rechte behinderter Menschen und ihrer Angehörigen
1998, 26. Auflage, 388 Seiten, Bezug gegen Porto-/Versandkosten über: Bundesarbeitsgemeinschaft Hilfe für Behinderte, Kirchfeldstr. 149, 40125 Düsseldorf

Die Broschüre ist eine wichtige Orientierungshilfe im Geflecht des »gegliederten Systems der Sozialen Sicherung« und vermittelt Grundinformationen über die Zuständigkeit der Leistungsträger, erläutert den Begriff der Behinderung in seiner rechtlichen Bedeutung, stellt die einzelnen Hilfen dar und geht auf Sonderprobleme u.a. bei psychisch Kranken/seelisch Behinderten ein.

Raack, Wolfgang / Thar, Jürgen: Betreuungsrecht
Ein Leitfaden für Betroffene, Angehörige, Richter, Rechtspfleger, Betreuer, Rechtsanwälte, Ärzte, ambulante Hilfskräfte, Altenpflege- und Krankenhauspersonal

Bundesanzeiger-Verlag, Köln 1999, 2. Auflage, 207 Seiten, 29.80 DM,
ISBN 3-88784-830-6
Der bewährte Leitfaden bietet eine praxisbezogene Einführung und Übersicht mit vielen Beispielen und Mustern zur Umsetzung und Anwendung der betreuungsrechtlichen Regelungen. Im Anhang finden sich die einschlägigen Gesetzestexte. Die knappe, aber anschauliche Darstellung wird dem Anspruch gerecht, allen im Titel aufgelisteten Personengruppen grundlegende Informationen sowie praktische Arbeits- und Orientierungshilfen zu geben.

Zeitschriften

Psychosoziale Umschau
Aktuelle Infomationen aus Gemeinde und Psychiatrie
Bezug über: Psychiatrie-Verlag, Postfach 21 45, 53011 Bonn
Bezugspreis: Einzelheft 12,- DM; Jahresabo 40,- DM, Ausland 48,- DM bei vier Ausgaben. (Preise 2000)
Die»Umschau« ist Mitteilungsblatt des Dachverbandes Psychosozialer Hilfsvereinigungen e.V. und des Bundesverbandes der Angehörigen psychisch Kranker e.V. (der Bezugspreis ist für Mitglieder im Beitrag enthalten) sowie weiterer Arbeitskreise im psychiatrischen Bereich. Sie erscheint vierteljährlich und informiert Angehörige, Betroffene, Bürgerhelfer, Fachleute, Politiker und Verwaltungsleute über gemeinsame Anliegen und Entwicklungen der Gemeindepsychiatrie.

Die Kerbe
Die Fachzeitschrift der Sozialpsychiatrie
Bezug über: Quellverlag und Buchhandlung der Ev. Gesellschaft in Stuttgart. GmbH, Postfach 10 38 52, 70033 Stuttgart.
Jahresabo 39,60 DM bei vier Ausgaben
»Die Kerbe« wird vom Verband evangelischer Einrichtungen für geistig und seelisch Behinderte im Diakonischen Werk der Evangelischen Kirche Deutschlands herausgegeben und erscheint vierteljährlich. Die Hefte haben jeweils ein Schwerpunktthema, das von mehreren fachkundigen AutorInnen diskutiert wird.

Soziale Psychiatrie
Rundbrief der Deutschen Gesellschaft für Soziale Psychiatrie e.V.,
Stuppstr. 14, 50823 Köln. Erscheint vierteljährlich.
Jahresabo 50.00 DM, Einzelheft 15,00 DM (für DGSP-Mitglieder im Mitgliedsbeitrag enthalten).
Die Hefte haben jeweils ein Schwerpunktthema, das in der Regel aus den unterschiedlichen Blickwinkeln von Professionellen, Psychiatrie-Erfahrenen und Angehörigen beleuchtet wird.

Sozialpsychiatrische Informationen
Bezug über: Psychiatrie-Verlag, Postfach 21 45, 53011 Bonn.
Jahresabo 56,00 DM, Ausland 62,00 DM bei vier Ausgaben, Einzelheft 15,00 DM. Studentenabo 40,00 / 48,00 DM.
Jahresabo in Kombination mit der »Psychosozialen Umschau« 88,00 DM, Ausland 98,00 DM, Studentenabo 70,00/86,00 DM.
Ein interdisziplinäres Forum der reformorientierten Psychiatrie mit Berich-

ten, Forschungsarbeiten und Diskussionen zu klinischen und außerklinischen Themen.

Kontakt

Zeitschrift der HPE.

Bezug über: Hilfe für psychisch Erkrankte(HPE) Österreich, Bernardgasse 36/14, A - 1070 Wien, Jahresabo 450 Schilling

Überparteiliches Informationsorgan und Interessenvertretung für Angehörige und Freunde psychisch Erkrankter und der mit dem Anliegen verbundenen Berufsgruppen. Erscheint vierteljährlich, in der Regel öfter.

PMS-aktuell

Informationen aus der Psychiatrieszene der Schweiz. Bezug über: Pro Mente Sana, Rotbuchstr. 32, CH-8042 Zürich, Bezugspreis: Einzelheft 9,- SFr, Jahresabo 35,- SFr bei vier Ausgaben

Die Vierteljahreszeitschrift wird von der Schweizerischen Stiftung Pro Mente Sana (PMS) herausgegeben. Neben aktuellen Meldungen hat jedes Heft ein Schwerpunktthema.

Autorinnen und Autoren

Deger-Erlenmaier, Heinz: Jg. 1944, Diplomsozialarbeiter und langjähriges Mitglied im Vorstand des Bundesverbandes der Angehörigen psychisch Kranker in Bonn. Er arbeitete viele Jahre in der ambulanten Psychiatrie und ist jetzt Mitarbeiter des Sozialdienstes im Bezirkskrankenhaus Kaufbeuren.

Heim, Susanne: Jg. 1937, Mutter eines psychisch kranken Sohnes, Redakteurin, Moderatorin, Mitbegründerin und langjährige Vorsitzende der Kölner Angehörigen-Selbsthilfe RAT UND TAT e.V., seit 1995 Vorsitzende des Kuratoriums der von ihr ins Leben gerufenen »Kölner Stiftung für psychisch Kranke und ihre Angehörigen«.

Kitzig, Friedhelm, Jg. 1953, Dipl. Sozialwissenschaftler, Supervisor (DGSv), Referent für Planung und Förderung der Gesundheitspflege des Landschaftsverbandes Rheinland.

Pernpeintner, Erna: Angehörige, Mitglied des Vorstandes des Vereins der Angehörigen psychisch Kranker Regensburg e.V.

Sellner, Bertram: Jg. 1959, viele Jahre im Bezirkskrankenhaus Regensburg tätig als Fachkrankenpfleger für Psychiatrie, seit 1993 Pflegedienstleiter des Bezirkskrankenhauses Kaufbeuren.

—